大展好書　好書大展
品嘗好書　冠群可期

少林功夫⑲

少 林 拳

徐勤燕
釋德虔 編著

大展出版社有限公司

作者簡介

　　徐勤燕　　女，生於 1962年，原籍山東郯城。自幼從父徐祗法（法名素法）學練少林武術，於 1982 年春到少林寺拜素喜和尚爲師，賜法名德炎。在少林寺學武多年，擅長少林看家拳、螳螂拳和十八般武藝。不僅武功卓著，而且文筆亦佳，十年來共著有《少林功夫辭典》《少林羅漢拳》《少林劍術秘傳》等三十餘部少林武術專著，總計 350 萬字，發行到世界 48 個國家和地區，爲弘揚少林武術和促進中外文化體育交流有極大的貢獻。

　　德炎大師先後應邀赴新加坡、馬來西亞、俄羅斯、日本等國家訪問教學，受到國際武術界高度好評。現任少林寺國際武術學院院長、登封市少林少年軍校校長兼政治委員、國際少林拳聯合總會副秘書長等職。

少林拳

釋德虔 俗名王長青，男，生於 1943 年，原籍河南省登封市大金店鎮王上村。自幼皈依少林寺，拜素喜和尚爲師，賜法名德虔。跟恩師專習少林武術六年，又跟少林高僧德禪學習中醫、針灸、氣功等，跟永祥和尚學練達摩易筋經、八段錦、七十二藝、點穴、擒拿、硬氣功等。1960 年寧夏中醫學校畢業，當年應征入伍，先後在新疆軍區工二師十四團和伊利地區行醫。1980 年返回少林寺，從事武術研究工作。

1982 年得到永祥和尚在少林寺火焚前復抄的《少林拳譜》四十八卷，開始從事少林武術的挖掘整理工作。二十年來撰寫了《少林拳術秘傳》《少林十八般武藝》《少林武術精華》《少林百科全書》《少林氣功秘集》等 70 多部少林武術專著，總計 1800 多萬字，發行到世界 82 個國家和地區，被譽爲「少林書王」。1992 年榮獲全國武術挖掘整理優秀成果獎。

德虔法師 1990～2004 年先後應邀赴美國、日

本、紐西蘭、俄羅斯、加拿大等 41 個國家和地區
訪問講學，中外弟子多達八千人，可謂桃李滿天
下。現任中國武術學會委員、國際少林易筋經學會
會長、國際少林聯合會顧問團團長、少林寺國際武
術學院常務院長等職。

前　言

　　少林武術起源於中國河南省嵩山少林寺，距今有一千五百多年的歷史，可謂源遠流長，馳名中外。

　　少林武術是少林寺僧和俗家弟子長期艱苦磨練的結晶，具有樸實無華、進退一線、曲而不曲、直而不直、滾出滾入、重在實戰等特點，是我國最早最大的民間武術流派之一。久練不僅可強身健體、袪病延年，還可陶冶性情、磨練意志；不僅有自衛護身和懲罰歹徒的實際作用，還能從中得到人體美的藝術享受。

　　早在唐代，少林武術就開始傳向日本、朝鮮、越南、泰國、緬甸等國家和地區。新中國成立後，少林武術得到了空前未有的大發展。據統計，目前全世界已有六十多個國家約三千多萬人練習少林武術。正可謂：少林拳花開九州，少林弟子遍世界。

　　近幾年來，國內外同門和廣大少林武術愛好者紛紛來電來函，要求編寫一套通俗易懂、易於推廣的少林傳統武術教材。爲了滿足他們的要求，更廣泛地普及和推廣少林傳統武術，我們在人民體育出

少林拳

版社的幫助下，根據珍藏少林拳械秘本和當今實際
教學經驗，編寫了這套「少林傳統武術普及教
材」。

本教材共分爲八冊：《少林武術理論》《少林
武術基本功》《少林拳》《少林棍》《少林常用器
械》《少林稀有器械》《少林拳對練》《少林器械
對練》。前兩冊是對少林武術的內容、常用術語、
教學訓練、基本功夫、基本技法的介紹和概論；後
六冊則是從《少林拳譜》的576個套路中精選出
52個優秀傳統套路，分別對各動作圖附文加以說
明。

本教材適宜國內外各武術館校、輔導站等習武
場所的學員和教練員應用，並可供中小學體育教師
和公安、武警工作者參考。

由於水平所限，書中錯誤難免，敬請讀者批評
指正，以利再版時修訂。

本書在編寫和出版過程中，得到青年武師姜健
民、陳俊鍇、張軍偉、章順亮等大力支持，得到人
民體育出版社叢明禮、駱勤方、范孫操等熱情幫
助，在此一併致謝。

編著者
於少林寺

目　錄

少
林
拳

一、羅漢十八手

歌訣：

少林武藝傳千秋，獨奇羅漢十八手。

父子恭手金絲纏，白虎洗臉把面修。

泥裏拔蔥抽筋骨，推倒山牆追敗狗。

花掌一落砍倒樹，迎面背掌飛血流。

雙手力勝千斤錘，崩肘一招神鬼愁。

一掌能砍金磚碎，仙人摘茄毒一手。

倒步切掌斷兩節，沖肘掤肘亦神肘。

轉身倒步火龍勢，好似青龍旋雲頭。

花手一提緊三步，猛虎靠山把陣收。

動作名稱及順序

預備勢	1. 父子恭手	2. 金絲纏腕
3. 白虎洗臉	4. 泥裏拔蔥	5. 上步推牆
6. 泥裏拔蔥	7. 關公勒馬	8. 左崩肘
9. 右崩肘	10. 泥裏拔蔥	11. 金雞獨立
12. 猛虎轉身	13. 雙手推山	14. 黑虎掏心
15. 雙關鐵門	16. 沖心肘	17. 泥裏拔蔥
18. 金交剪勢		

圖1   圖2

預備勢

兩足併步站立。兩臂自然下垂，兩掌附於大腿外側，掌心向裏。身胸挺直。目視前方（圖1）。

1. 父子恭手

抬左腳向左半步。同時兩手由下由外、向上、向內屈肘交叉亮掌，高與肩平，右手在外，左手在內。目視前方（圖2）。

圖3　　　　　　　　　　圖4

2. 金絲纏腕

　　兩腳不動。兩手向下、向外往內摩腕纏手，左手在外，右手在內，高與肩平。目視前方（圖3）。

3. 白虎洗臉

　　兩手向上、向外、向下、向內、向右翻腕，同時向臉部畫弧，然後向左屈肘成上插手，高與肩平。目視前方（圖4）。

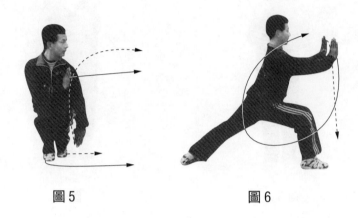

圖5　　　　　　　　　　圖6

4. 泥裏拔蔥

震右腳，收左腳落右腳內側，腳尖點地，兩腿微蹲成虛步。同時右手在胸前畫弧，然後向左屈肘亮掌，停於左肩前；左掌向左下側劈掌。目視左側（圖5）。

5. 上步推牆

左腳向左跨一步，以兩腳為軸，體向左轉90度。右腳向前上一步，左腿屈膝半蹲，右腿蹬直，使兩腿成右弓步。同時兩掌向前微屈肘推出，掌心向前，掌指向上。目視兩手（圖6）。

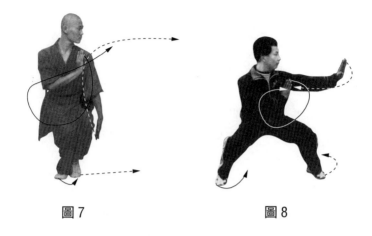

圖7   圖8

6. 泥裏拔蔥

左腳向前一步，兩手向前往下拍打，然後體向右轉 90 度，收左腳落右腳內側成丁字步。右掌向左屈肘推手，左手向左側下方劈掌，兩腿微蹲。目視左側（圖 7）。

7. 關公勒馬

左腳向左跨一步，兩腿半蹲成馬步，同時兩掌向左側抓，然後往後拉再變掌，向左側屈肘推出。目視左手（圖 8）。

圖 9　　　　　　　　　　　圖 10

8. 左崩肘

以兩腳為軸，體向左轉 90 度，使兩腿成左弓步。同時左掌變拳，向前屈肘前扛，右臂向內屈肘；右掌附左拳。目視左肘尖（圖 9）。

9. 右崩肘

抬右腳向前上一步，使兩腿成右弓步。同時右掌變拳，向內屈肘前扛；左拳變掌，向內屈肘，左掌附右拳。目視右肘尖（圖 10）。

圖 11

圖 12

10. 泥裏拔蔥

以兩腳為軸，體向左轉 90 度，抬左腳向內收一步，與右腳靠近，腳尖點地成左丁字步。同時右拳變掌，向左屈肘亮掌；左掌向左側下方劈擊。目視左側（圖 11）。

11. 金雞獨立

抬右腳向右跨一步，體向右轉 90 度，再抬右腿向前提膝。同時兩掌向前屈肘搶出，掌心向上。目視右手（圖 12）。

圖 13　　　　　　　　圖 14

12. 猛虎轉身

　　右腳下落左腳前一步，體向左轉 180 度，抬兩腳向前跳步，左腳落右腳前落成左弓步。同時兩掌向前插掌推出。目視兩手（圖 13）。

13. 雙手推山

　　左腳向後退一步，體向左轉 90 度，兩腿屈膝成馬步。同時兩掌向前推出，掌心向前。目視前方（圖 14）。

圖 15   圖 16

14. 黑虎掏心

以兩腳為軸，體向右轉 90 度，抬左腳向前上一步，使兩腿成左弓步。同時左掌向前屈肘推出，右掌附於左肘內側。目視左手（圖 15）。

15. 雙關鐵門

以兩腳為軸，體向左轉 90 度，使兩腿屈膝半蹲成馬步。同時兩掌變拳，由外向內屈肘沖擊，使出拳相近。目視前方（圖 16）。

圖 17

圖 18

16. 沖心肘

以兩腳為軸，體向右轉 90 度，抬左腳向前上一步，使兩腿成左弓步。同時左拳屈肘向前沖擊，右手扶協左拳。目視左肘（圖 17）。

17. 泥裏拔蔥

以兩腳為軸，體向右轉 90 度，收左腳與右腳成併步，腳尖點地成左丁字步。同時左拳變掌，向左側下方劈擊；右手向內屈肘，亮於左腋前。兩腿半蹲。目視左側（圖 18）。

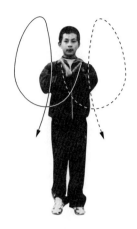

圖 19

18. 金交剪勢

右腳後退半步，體向右轉 180 度，震左腳，與右腳成併步。同時兩手隨身由下向外、向上、向內屈肘插掌，亮於胸前。目視前方（圖 19）。

收　勢

兩手由上向下再由下向外、向上、往下畫弧，然後兩臂下垂，掌附大腿外側，身胸挺直。目視前方。

二、少林小洪拳

歌訣：

百拳之母小洪拳，招招式式武藝源。

懷中抱月護胸腹，白雲蓋頂打泰山。

上步推掌推山倒，抱手束身閃一邊。

扳手繃腿上下取，斜行專襲側來犯。

飛腳撩陰敵難防，雄獅張口開鬼關。

蠍子擺尾沖天炮，雲頂搶手制人前。

盤肘三點打一線，餓虎撲食速如電。

側耳重炮下沖捶，五花坐山凱歌還。

動作名稱及順序

預備勢	1. 懷中抱月	2. 白雲蓋頂
3. 上步推掌	4. 抱手束身	5. 上步推掌
6. 轉臉扳手	7. 上步推掌	8. 轉臉繃腿
9. 上步擺腳	10. 右斜行	11. 抱肘束身
12. 劈　腿	13. 左斜行	14. 摺　手
15. 獅子大張嘴	16. 左右雲頂	17. 七星捶
18. 馬步單鞭	19. 抱肘束身	20. 上步搶手

21. 旋風腳　　　22. 恨腳沖天炮　　23. 蠍子擺尾

24. 獅子大張嘴　25. 上步推掌　　26. 端掌退兩步

27. 轉臉扳手　　28. 上步推掌　　29. 轉臉繃腿

30. 踩　腳　　　31. 左盤肘　　　32. 劈　腿

33. 右盤肘　　　34. 摺　手　　　35. 獅子大張嘴

36. 左右雲頂　　37. 七星捶　　　38. 馬步單鞭

39. 抱拳束身　　40. 搶　手　　　41. 右踩腳

42. 右推掌　　　43. 轉身左推掌　44. 轉身右推掌

45. 左踩腳　　　46. 左推掌　　　47. 轉身右推掌

48. 轉身左推掌　49. 餓虎撲食　　50. 恨腳海底炮

51. 上步陽拳　　52. 側耳炮　　　53. 滿肚痛

54. 滾手束身　　55. 上步推掌

56. 半個雲丁平心炮　　　　　57. 五花坐山

預備勢

　　兩足併立，身胸挺
直，兩臂下垂，兩掌心
向裏，附於大腿外側，
掌指向下。目視前方
（圖1）。

圖1

圖2   圖3

接上動作。抬左腳向左移半步，同時兩手由外向內畫弧，然後變拳，抱於腰間。目視左側（圖2）。

1. 懷中抱月

兩腳不動，兩拳變掌，由外向內屈肘疊掌，右手在上，兩掌心向上。目視前方（圖3）。

2. 白雲蓋頂

接上動作，右手由下向外、向上畫弧，然後上架頭上右側，掌心向上；左手向下劈掌，掌心

圖 4　　　　　　　　　　圖 5

向裏。目視左側（圖4）。

3. 上步推掌

以兩腳為軸，體向左轉90度，左腿屈膝，右腿蹬直，使兩腿成左弓步。同時左掌由外向內畫弧，然後向前推掌，掌心向前；右手由上向下，屈肘端於腰右側。目視左掌（圖5）。

4. 抱手束身

收左腳向後退一步，落右腳前，體向右轉90度，左腳跟提起，腳尖點地，兩腿半蹲成虛步。

圖6　　　　　　　　　　　圖7

同時收左手向內壓右手前臂，然後兩掌變拳，右拳向右屈肘立拳，高平耳垂，拳心向裏；左拳向外、向下劈擊，拳心向後。目視左側（圖6）。

5. 上步推掌

抬左腳向左上一步，體向左轉90度，使兩腿成左弓步。同時兩拳變掌，左掌向前推出，掌心向前；右掌端於腰間，掌心向上。目視左掌（圖7）。

6. 轉臉扳手

以兩腳為軸，體向右轉180度，右腿屈膝，左腿蹬直，使兩腿成右弓步。同時右掌隨身向前扳出，掌心向裏；左掌變拳端於腰間，拳心向

圖 8　　　　　　　　圖 9

上。目視右手（圖 8）。

7. 上步推掌

左腳向前上一步，同時
左拳變掌向前屈肘推出，掌
心向前；右手端於腰間。目
視左手（圖 9）。

8. 轉臉繃腿

圖 10

以兩腳為軸，體向右轉
180 度，同時抬左腿向前提膝，兩手隨身向前拍擊
左膝蓋，掌心向下。目視兩手（圖 10）。

圖 11   圖 12

9. 上步擺腳

左腳向前落一步，抬右腳向前彈擺。同時出兩手向前由外向內拍擊右腳掌外側（響亮）。目視兩手（圖 11）。

10. 右斜行

右腳下落於左腳前一步，兩掌變拳，由內向外、向右斜行，屈肘展臂。目視右側（圖 12）。

11. 抱肘束身

收右腳向後落於左腳前，體向左轉 180 度。

圖 13   圖 14

　　左臂隨身轉移於胸前抱住右肘，然後左拳從懷內掏出，屈肘立拳於左肩前，拳心向裏；右拳向下劈，拳心向裏。目視右側（圖13）。

12. 劈　腿

　　體向右轉 90 度，右腿立地，抬左腿向前彈踢。同時左拳由上向下沿左腿外側下劈，拳心向裏；右拳抱於腰間。目視前方（圖14）。

13. 左斜行

　　左腳下落於右腳前一步，使兩腿成左弓步。同時兩臂向左環展斜行。目視前方（圖15）。

圖 15　　　　　　　　圖 16

14. 撂　手

　　以兩腳為軸，體向
右轉 180 度。右拳變
掌，隨身向右側前俯，
撂手；左拳抱於腰間。
目視右手（圖 16）。

15. 獅子大張嘴

圖 17

　　起身，左拳變掌，由下向上架於頭前上方；
右手直臂，放於右膝蓋之上，掌心向上。目視前
方（圖 17）。

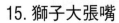

<table>
<tr><td>圖 18</td><td>圖 19</td></tr>
</table>

圖 18　　　　　　　　　圖 19

16. 左右雲頂

　　抬左腳向前上一步，落於右腳前。同時左手由左向右在頭上雲手一圈，右手端於腰間（圖18）。

　　接上動作，右腳向前上一步，落於左腳前。同時右手由下向上在頭上由右向左雲手一圈，左手端於腰間。目視前方（圖19）。

17. 七星捶

　　抬左腳向前上半步，落右腳內側，左腳尖點地，兩腿半蹲，使兩腿成左丁字步。同時兩掌變

圖 20　　　　　　　　　　圖 21

拳，向前沖擊。目視兩拳（圖 20）。

18. 馬步單鞭

左腳向後退一步，以兩腳為軸，體向左轉 90
度，兩腿屈膝半蹲成馬步。同時兩拳向胸前相
會，然後由內向外展臂沖拳，拳心向下。目視左
側（圖 21）。

19. 抱肘束身

收左腳向內，落於右腳內側成丁字步。同時
右拳由外向內畫弧，然後屈肘立拳，與腭平；左
拳向左側下方劈擊。兩腿半蹲，目視左側（圖

圖 22

圖 23

22）。

20. 上步搶手

抬左腳向左側前方
上一步。同時兩拳變
掌，向前搶出，掌心向
上，掌指向前。目視兩
手（圖 23）。

21. 旋風腳

圖 24

以左腳為軸，抬右腳向左旋轉 180 度，兩手
隨身勢擺掌（圖 24）。

圖25   圖26

22. 恨腳沖天炮

上體繼而左轉90度，使右腳落於左腳右側，震腳（響亮）。同時右掌變拳，屈肘上沖，拳心向裏；左掌端護於右肘。目視前方（圖25）。

23. 蠍子擺尾

以右腳為軸，抬左腳由前向後旋擺（體左轉180度），兩手屈肘護肋（圖26）。

圖 27   圖 28

24. 獅子大張嘴

轉身後左腳落於右腳前一步，左腿屈膝，使
兩腿成左弓步。同時右拳變掌，上架於頭上，掌
心向上；左掌向下插臂，掌落左膝蓋上，掌心向
上。目視前方（圖 27）。

25. 上步推掌

收左腳再上左腳成左弓步。出左掌向前屈肘
推出，掌心向前；右掌端於腰間。目視左手（圖
28）。

圖 29   圖 30

26. 端掌退兩步

左掌翻腕亮掌；右掌向前，使掌指平於左腕部，成兩掌平端式。然後抬左腳向後退一步（圖29），再抬右腳向後退一步（圖30）。

27. 轉臉扳手

以兩腳為軸，體向右轉180度，抬右腳向後再向前落一步，使兩腿成右弓步。同時出右手向前屈肘扳擊，掌心向後，掌指向上；左掌端於腰間。目視右手（圖31）。

圖 31

圖 32

28. 上步推掌

抬左腳向前上一步，使兩腿成左弓步。同時左掌向前屈肘推出，掌指向上；右掌端於腰間。目視左手（圖 32）。

29. 轉臉繃腿

圖 33

以兩腳為軸，體向右轉 180 度，抬左腿向前提膝。同時兩手隨身向前插拍左膝蓋。目視兩手（圖 33）。

圖34　　　　　　　　　圖35

30. 踩　腳

左腳向前落一步，抬右腳向前、向上彈踢。
同時抬右手向前拍擊右腳面（響亮），左手端於
腰間。目視右手（圖34）。

31. 左盤肘

右腳下落於左腳前，使兩腿成右弓步。同時
兩掌變拳，左手盤肘，肘尖向前；右拳上架於頭
上右側。目視前方（圖35）。

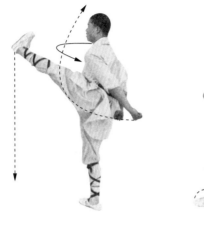

圖 36　　　　　　　　　圖 37

32. 劈　腿

抬左腿向前、向上彈踢，左拳向前沿左腿向後、向下劈打，右拳垂於右後側。目視左腳（圖36）。

33. 右盤肘

左腳下落於右腳前，使兩腿成左弓步。同時右臂盤肘，肘尖向前；左拳上架於頭上左側，拳心向前。目視前方（圖37）。

圖 38   圖 39

34. 撈　手

以兩腳為軸，體向右轉 135°，使兩腿成右仆步。同時兩拳變掌，右手隨身向右撈手；左手端於腰間。目視右手（圖 38）。

35. 獅子大張嘴

起身，使兩腿變成右弓步。同時右掌插放在右膝蓋上，左掌上架於頭上左側前方。目視前方（圖 39）。

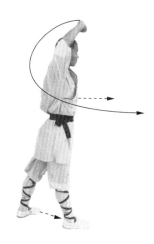

圖 40

圖 41

36. 左右雲頂

抬左腳向前上一步。同時左手在頭上畫弧，掌心仍向上；右掌變拳，抱於腰間。目視前方（圖 40）。

抬右腳向前上一步。右拳變掌，在頭上畫弧；左掌變拳，抱於腰間。目視前方（圖 41）。

37. 七星捶

抬左腳向前上一步，落於右腳內側，成左丁字步。同時右掌變拳，與左拳同時向前沖擊，兩

圖 42　　　　　　　　　　圖 43

腿半蹲。目視兩拳（圖 42）。

38. 馬步單鞭

　　左腳向後退一步，體向左
轉 90 度，兩腿半蹲成馬步，
同時兩拳由胸前向兩側平擊。
目視左側（圖 43）。

圖 44

39. 抱拳束身

　　收左腳落於右腳內側，腳尖點地，成左丁字
步。同時右拳屈肘立拳於右肩前，左拳向左側下
方劈擊，兩腿半蹲。目視左側（圖 44）。

圖 45　　　　　　　　　圖 46

40. 搶　手

　　抬左腳向左跨一步，以兩腳為軸，體向左轉90 度。同時兩拳變掌，向前屈肘搶出，左掌在前，右掌齊左肘內側。目視左手（圖 45）。

41. 右踩腳

　　抬右腳向前彈踢，腳面繃平。同時出右手向前、向上拍擊右腳面（響亮）；左掌變拳，抱於腰間。目視右手（圖 46）。

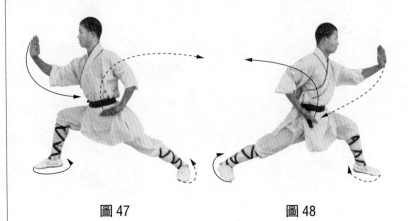

圖 47　　　　　　　　　　圖 48

42. 右推掌

右腳下落於左腳前一步，使兩腿成右弓步。
同時右手由前向左畫弧，然後向前屈肘推出，掌
心向前；左拳變掌，端於腰間。目視右手（圖
47）。

43. 轉身左推掌

以兩腳為軸，體向左轉 180 度，使兩腿成左
弓步。同時左掌隨身向前屈肘推出，掌心向前；
右掌端於腰間，掌心向上。目視左手（圖 48）。

圖 49　　　　　　　圖 50

44. 轉身右推掌

以兩腳為軸，體向右轉 180 度，使兩腿成右弓步。同時右掌隨身向前屈肘推出，掌心向前；左掌屈肘端於腰間，掌心向上。目視右手（圖49）。

45. 左踩腳

抬左腳向前、向上彈踢，腳面繃平。同時出左手向前、向上拍擊左腳面（響亮）；右掌變拳，抱於腰間。目視左手（圖50）。

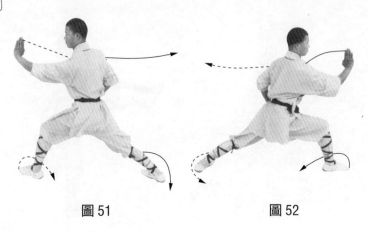

圖51　　　　　　　　圖52

46. 左推掌

　　左腳下落右腳前一步，使兩腿成左弓步。同時左掌隨身向前屈肘推出，掌心向前；右拳變掌，端於腰間。目視左手（圖51）。

47. 轉身右推掌

　　以兩腳為軸，體向右轉180度，使兩腿成右弓步。同時右手隨身向前推出，掌心向前；左掌端於腰間。目視右手（圖52）。

48. 轉身左推掌

　　以兩腳為軸，體向左轉180度，使兩腿成左

圖 53 圖 54

弓步。同時左手隨身向前推出，掌心向前；右手端於腰間。目視左手（圖 53）。

49. 餓虎撲食

抬右腳向前跳一大步，左腳提起。同時伸右手向前下方抓；左掌變拳，抱於腰間。目視右手（圖 54）。

圖 55

50. 恨腳海底炮

左腳下落於右腳內側，震腳。同時右拳與左掌在下腹前相擊（響亮），兩腿全蹲。目視兩手（圖 55）。

圖 56　　　　　　　　圖 57

51. 上步陽拳

抬右腳向右跨一步，體向右轉 90 度，使兩腿
成右弓步。同時右拳向前屈肘沖擊，拳心向裏，
左掌變拳抱於腰間。目視右拳（圖 56）。

52. 側耳炮

抬左腿向前提膝。同時右拳由前向後畫弧，
然後上架頭上前方；左拳向前栽於左膝蓋上，拳
心向後。目視前方（圖 57）。

圖 58 圖 59

53. 滿肚痛

左腳下落右腳前一步，使兩腿成左弓步。同時右拳由上向下揣擊，左拳附於右臂肘間。目視右拳（圖58）。

54. 滾手束身

收左腳落於右腳內側，成左丁字步。同時左拳由右臂肘處向下滾動，然後向左側劈擊；右立拳位於右肩前。目視左側（圖59）。

圖 60　　　　　　　圖 61

55. 上步推掌

抬左腳向左跨一步，體向左轉 90 度，使兩腿成左弓步。同時兩拳變掌，左掌向前推出，右掌端於腰間。目視左手（圖 60）。

56. 半個雲丁平心炮

收左腿後退，落於右腳後，體向左轉 90 度。同時左掌繞頭往左畫半弧，右掌變拳，在腹前與左掌相擊（響亮）。目視兩手（圖 61）。

圖 62

57. 五花坐山

抬兩腳向左側橫跳一步，兩腿屈膝半蹲成馬步。同時右拳變掌向上架於頭前方，掌心向前；左手由下向上再由上向下畫弧，按於左大腿之上。身胸挺直，目視左側（圖62）。

收　勢

收左腳，直身，垂臂。

三、少林大洪拳

歌訣：

少林大洪拳，招招不離源。

拳打臥牛地，行走一條線。

樸實無花架，出進滾螺旋。

虛實迷對方，風雲靇萬變。

動則似霹雷，靜則守丹田。

元氣壯手足，發之可推出。

四兩撥千斤，功夫到成然。

動作名稱及順序

預備勢	1. 白蛇吐信	2. 搶手
3. 右踩腳	4. 搶手	5. 左踩腳
6. 搶手	7. 右踩腳	8. 單叉
9. 二起踩腳	10. 雙手推山	11. 雙栽拳
12. 雙手推山	13. 三推掌	14. 白雲蓋頂
15. 左推掌	16. 白雲蓋頂	17. 左推掌
18. 右推掌	19. 金雞獨立	20. 左推掌
21. 轉身推掌	22. 束　身	23. 搶　手

預備勢

　　兩腳併步站立，身胸挺直，兩臂下垂，掌心向裏。目視前方（圖1）。

圖1

圖 2   圖 3

接上動作，左腳向左跨半步，兩手同時由內向外旋腕畫弧，然後抱拳於腰間。目視左側（圖 2）。

1. 白蛇吐信

兩腳不動。兩掌向前立掌推出，掌心向前，掌指向上，高與肩平。目視兩手（圖 3）。

圖 4

2. 搶　手

以兩腳為軸，體向左轉 90 度，左腳尖點地，

圖5　　　　　　　　　　圖6

兩腿微蹲成左虛步。同時兩掌變拳，屈肘抱於腰
間，拳心向上。目視前方（圖4）。

　　接上動作，抬兩腳向前上半步，左腳落於右
腳前。同時左拳變掌，向前屈肘搶出，掌心向
上；右拳仍抱於腰間。目視左手（圖5）。

3. 右踩腳

　　抬右腳向前、向上彈踢。同時右拳變掌，向
前、向上拍擊右腳面（響亮）；左掌變拳，抱於
腰間。目視右手（圖6）。

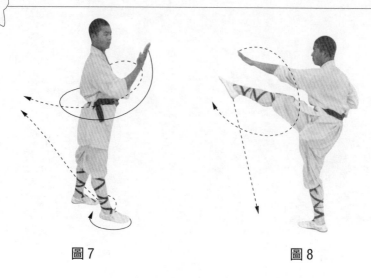

圖7   圖8

4. 搶　手

右腳下落左腳前一步。右手由前向後再向前抖臂屈肘搶出，掌心向上；左拳仍抱於腰間。目視右手（圖7）。

5. 左踩腳

以右腳為軸，抬左腳體向右轉 180 度，轉身後速抬左腳向前、向上彈踢。同時左拳變掌，向前、向上拍擊左腳面（響亮）；右掌變拳，抱於腰間。目視左手（圖8）。

圖 9　　　　　　　　圖 10

6. 搶　手

左腳下落右腳前一步。左掌由前向後再抖臂向前屈肘搶出，掌心向上；右拳仍抱於腰間。目視左手（圖9）。

7. 右踩腳

左腳不動，抬右腳向前、向上彈踢，腳面繃平。同時右拳變掌，向前、向上拍擊右腳面（響亮）；左掌變拳，抱於腰間。目視右手（圖10）。

圖 11   圖 12

8. 單　叉

　　右腳下落左腳前一步，抬左腳向前上一步，以兩腳為軸，體向右轉 90 度，右腿全蹲，左腿仆地伸直，使兩腿成左仆步。同時左拳變掌，與右掌同時下按於身前。目視左側（圖 11）。

9. 二起踩腳

　　起身，體向左轉 90 度，抬右腳向前上一步，與左腳成併步，然後抬兩腳向上騰跳。當全身騰空時，出右手拍擊右腳面，左拳抱於腰間。目視右手（圖 12）。

圖 13   圖 14

10. 雙手推山

　　兩腳同時落地，右腳在左腳前一步，體向左轉 90 度，使兩腿成馬步。同時左拳變掌，與右掌同時收於腰兩側，體向右轉 90 度，使兩腿成右弓步，抬兩掌向前推出，掌心向前。目視兩掌（圖13）。

11. 雙栽拳

　　以兩腳為軸，體向左轉 90 度，兩腿屈膝半蹲成馬步。同時兩掌由前向後反上再向前畫弧，然後變拳栽於腰後。目視左側（圖 14）。

圖 15 　　　　　　　　　圖 16

12. 雙手推山

　　以兩腳為軸，體向左轉 90 度，使兩腿成左弓步。同時兩拳變掌，向前屈肘推出，掌心向前。目視兩手（圖 15）。

　　接上動作。抬右腳向前上一步，落於左腳後，以兩腳為軸，體向右轉 90 度，使兩腳併立。同時兩手向兩側展臂推出，高與肩平。目視右側（圖 16）。

　　接上動作，震右腳，抬左腳向左跨一步，體向左轉 90 度。同時兩掌向前屈肘推出，掌心向前。目視前方（圖 17）。

圖 17　　　　　　　　圖 18

13. 三推掌

圖 19

兩腳不動，兩掌由前向後收於腰間，右掌向前推出，掌心向左；左手端於腰間。目視右手（圖18）。

接上動作，兩腳不動。右掌收回，變拳端於腰間，拳心向上；同時左掌向前推出，掌心向右。目視左手（圖19）。

圖 20   圖 21

　　接上動作，兩腳不動。左掌收回，變拳端於腰間，拳心向上；同時右掌向前推出，掌心向左。目視右手（圖20）。

14. 白雲蓋頂

　　左腳後退一步落右腳前，以兩腳為軸，體向右轉90度，使兩腿成併步。同時右掌隨身向外、向上畫弧，然後架於頭上右側上方，掌心斜向上；左掌向後甩成勾手。目視左側（圖21）。

15. 左推掌

　　抬左腳向左跨一步，以兩腳為軸，體向左轉

圖 22   圖 23

90 度成左弓步。同時兩掌回到胸前,抬左掌向前
推出,右手向後甩成勾手。目視左掌(圖 22)。

16. 白雲蓋頂

　　左腳向後退一步落右腳前,使兩腿成併步,
右勾手由下向上架於頭上右側成掌,掌心向上;
同時左手隨身向後甩成勾手。兩腿半蹲,目視左
側(圖 23)。

17. 左推掌

　　抬左腳向左跨一步,以兩腳為軸,體向左轉
90 度成左弓步,同時兩掌回到胸前將左掌向前屈

圖 24   圖 25

肘推出，右手向後甩成勾手。目視左掌（圖
24）。

18. 右推掌

以兩腳為軸，體向右轉 180 度成右弓步，同
時右勾手變掌向前推出，左掌向後甩成勾手。目
視右掌（圖 25）。

19. 金雞獨立

右腳後退一步，落左腳前，以兩腳為軸體向
左轉 90 度，兩腿半蹲，同時右手向前屈肘推出，
掌心向外；左手由後向前屈肘擺掌，停於右肩
前，掌心向裏。目視右手（圖 26）。

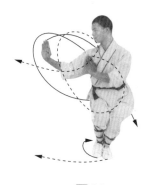

圖 26

圖 27

20. 左推掌

以兩腳為軸，體向右轉 90 度，左腿向前上一步，成左弓步。同時左手向前屈肘推出，掌心向右；右手向後甩成勾手。目視左手（圖 27）。

圖 28

21. 轉身推掌

以兩腳為軸，體向右轉 180 度，兩腿成右弓步。同時左掌向前屈肘推出，掌心向右；右勾手向上擺至左上臂的下方。目視左手（圖 28）。

圖 29   圖 30

22. 束　身

　　左腿向前上步，落右腳前，以兩腳為軸，體向右轉 90 度，兩腿併步半蹲，同時右手變拳，屈肘立拳於右肩前；左掌變拳，向左側下方劈擊。兩腿半蹲，目視左側（圖 29）。

23. 搶　手

　　左腳向前上半步，落於右腳前，同時右拳抱於腰間，拳心向上；左拳變掌，向前屈肘搶出，掌心向上。目視左手（圖 30）。

圖 31   圖 32

24. 踩　腳

左腳不動，右腿向前上方彈踢，腳面繃平。同時右拳變掌，向前、向上拍擊右腳面；左掌變拳，收回腰間。目視右手（圖31）。

25. 斜　形

右腳下落於左腳前，使兩腿成右弓步。同時右掌變拳，由內向外展兩臂，屈肘斜行。目視右側（圖32）。

圖 33

圖 34

26. 束身磕肘

以兩腳為軸，體向左轉 90 度，收右腳落左腳內側震腳（響亮），使兩腳併立，兩腿全蹲。同時右拳屈肘下磕，左拳由外向內落於右肘下端。目視右側（圖 33）。

27. 斜 行

體向右轉 90 度，抬左腿向前提膝。同時左拳向左側劈打，高與膝平；右拳抱於腰間，拳心向上。目視左拳（圖 34）。

圖 35　　　　　　　　　圖 36

　　接上動作，左腳下落右腳前一步，使兩腿成左弓步。同時屈肘展兩臂，平行左斜，使兩拳眼相對。目視左側（圖 35）。

28. 老虎大張嘴

　　以兩腳為軸，體向右轉 270 度，使兩腿成右弓步。同時兩拳變掌，右掌隨身下掠，放於右膝蓋上，掌心向上；左掌上架頭上左側，掌心向前。目視前方（圖 36）。

圖 37　　　　　　　　　　圖 38

29. 金雞獨立

上體稍向左轉，兩掌在頭上相擊，然後收抬右腿向前提膝。右掌向下放右膝上，掌心向上；左掌向外、向上畫弧，架於頭上左側，掌心向上。目視前方（圖37）。

30. 濺步雲頂

右腳下落左腳前一步，抬兩腳向前、向上縱跳一大步，當全身騰空時，兩手在頭上環雲。目視前方（圖38）。

圖 39　　　　　　　圖 40

31. 七　星

兩腳落地後，兩腿併立，兩腿半蹲。同時兩掌變拳，右拳向前沖擊，拳心向下；左拳屈肘內擊，位於右肘內側。目視右拳（圖 39）。

32. 單　鞭

以兩腳為軸，體向左轉 90 度，左腳向左跨一步，兩腿半蹲成馬步。同時兩拳隨身回到胸前，再向兩側平擊。目視左拳（圖 40）。

33. 抱手束身

以兩腳為軸，體向左轉 90 度，右腿後蹬，成

圖 41　　　　　　　　　圖 42

左弓步。同時右拳變掌，向左膝上方插出，掌心向上；左拳變掌，收於右肘側，掌心向下。目視右手（圖41）。

接上動作，體向右轉90度，左腿收到右腳前成併步，兩腿半蹲。同時左掌變拳，向左側下方劈擊，拳心向外；右掌變拳，屈肘立拳於右肩前，拳心向內。目視左側（圖42）。

34. 跟步搶手

左腳向前上步。同時兩拳變掌，左掌屈肘搶出，掌心向上；右掌掌心向上，抱於腰間。目視左手（圖43）。

圖 43 圖 44

35. 右踩腳

左腳不動，右腿向前上方彈踢，腳面繃平。同時右掌從腰間伸出拍擊右腳面（響亮），左掌收回腰間。目視右手（圖 44）。

36. 三推掌

右腳下落左腳前一步，使兩腿成右弓步。同時右掌屈肘向前推出，掌心向左；左掌向後甩成勾手。目視右手（圖 45）。

圖 45

圖 46　　　　　　　　圖 47

　　接上動作，以兩腳為軸，體向左轉 180 度，使兩腿成左弓步。同時左勾手變掌向前屈肘推出，掌心向右；右掌向後甩成勾手，目視左手（圖 46）。

　　接上動作，以兩腳為軸，體向右轉 180 度，使兩腿成右弓步。同時右手勾變掌，向前屈肘推出，掌心向左；左掌向後甩成勾手。目視右手（圖 47）。

37. 左踩腳

　　抬左腳向前、向上彈踢，腳面繃平。速出左手向前、向上拍擊左腳面（響亮）；右掌變拳，抱於腰間。目視左手（圖 48）。

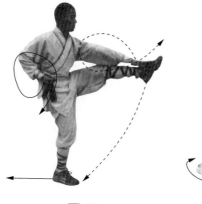

圖 48　　　　　　　圖 49

38. 三推掌

左腳下落右腳前
一步，使兩腿成左弓
步。左掌向前屈肘推
出，掌心向右；右手
向後甩成勾手。目視
左掌（圖49）。

圖 50

接上動作，以兩
腳為軸，體向右轉180度，使兩腿成右弓步。右
手變掌，向前屈肘推出，掌心向左；左手向後甩
成勾手。目視右掌（圖50）。

接上動作，以兩腳為軸，體向左轉180度，

圖 51   圖 52

使兩腿成左弓步。左手變掌，向前屈肘推出，掌心
向右；右手向後甩成勾手。目視左掌（圖 51）。

39. 提手炮

抬右腳向前跳一步，右腳落地後，速抬左
腳，隨體左轉 180 度，左腳落右腳前，使兩腿成
左弓步。同時右勾手變拳，與左掌在下腹前相擊
（響亮）。目視前方（圖 52）。

40. 反臂拳

以兩腳為軸，體向右轉 180 度，使兩腿成右
弓步。同時右臂屈肘向前沖擊，左掌向後甩成勾
手。目視右肘（圖 53）。

圖 53

圖 54

41. 丁步繃肘

收右腳落左腳內側，體向左轉 90 度，右腳跟提起，成右丁字步，兩腿半蹲。同時右臂內屈繃肘，左掌貼於右肘內側。目視右側（圖 54）。

42. 金雞獨立

圖 55

右腳跟落地，以右腳為軸，體右轉 90 度，抬左腳向前、向上提膝。同時左掌向前下方劈打，掌心向下；右拳舉臂屈肘，高與耳平。目視左手（圖 55）。

 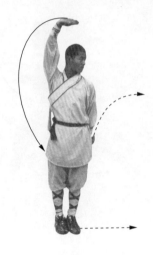

圖 56   圖 57

43. 沖　拳

左腳下落右腳前一步，使兩腿成左弓步。同
時右拳由上向前下方沖擊，拳心向下；左掌向內
屈肘，附於右肘。目視右拳（圖 56）。

44. 白雲蓋頂

以兩腳為軸，體向右轉 90 度，收左腳與右腳
成併步。同時右拳變掌，向外、向上架於頭上右
側，掌心向上；左手向後甩成勾手。目視左側
（圖 57）。

圖 58   圖 59

45. 上步推掌

抬左腳向左跨一步，體向左轉 90 度，使兩腿成左弓步。同時左掌由後向前屈肘推出，掌心向右；右手向後甩成勾手。目視左掌（圖 58）。

46. 反臂拳

以兩腳為軸，體向右轉 180 度，使兩腿成右弓步。同時兩手變拳，右拳屈肘向外崩臂，拳心向裏；左拳抱於腰間，拳心向上。目視右拳（圖 59）。

圖 60

47. 坐山勢

抬右腳向左震腳，落於左腳內側，速抬左腳向左跨一步，兩腿屈膝成馬步。同時右拳向左劈，然後向外、向上畫弧，架於頭上前方，拳心向前；左拳向右劈，然後向外、向上畫弧，屈肘栽於左膝蓋上部，拳心向後。目視左側（圖60）。

收　勢

收左腳與右腳成併步，兩臂下垂，兩拳變掌，附於兩大腿外側，身胸挺直。目視前方。

四、少林通臂拳

歌訣：

金沙飛掌打對面，攻防兼備虎靠山。

盯心鏢拳掏心窩，二郎擔山開群巒。

雙關鐵門閃身炮，腋下藏花下插拳。

金童獻圖千斤砸，單風貫耳追風連。

順手牽羊撩陰腳，猛虎跳澗猴翻天。

天王托塔攬宇宙，珍珠捲簾雷飛天。

雙風貫耳勒馬拳，通臂招招顯威嚴。

二十八招通臂式，五花坐山搬師還。

動作名稱及順序

預備勢　　　　1. 金沙飛掌　　　2. 盯心鏢拳

3. 打虎靠山　　　4. 盯心鏢拳　　　5. 二郎擔山

6. 雙關鐵門　　　7. 踩　腳　　　　8. 換景移山

9. 金童獻圖　　　10. 千斤砸拳　　　11. 左右開弓

12. 鷂子翻山　　　13. 盯心鏢拳　　　14. 勒馬按拳

15. 單風貫耳　　　16. 追風相連　　　17. 順手牽羊

18. 左右踩腳　　　19. 猛虎跳澗　　　20. 盯心鏢拳

21. 天王托塔　　22. 換景移山　　23. 珍珠倒捲簾

24. 雙風貫耳　　25. 勒馬按拳　　26. 五花起腳

27. 坐山勢　　　　收　勢

預備勢

兩足併立，身胸挺直，兩臂自然下垂，兩掌附於大腿外側，掌心向裏。目視前方（圖1）。

接上動作。兩掌由內向外旋腕畫弧，然後抱拳，放於腰間。目視左側（圖2）。

圖1　　　　　　　　　　　　圖2

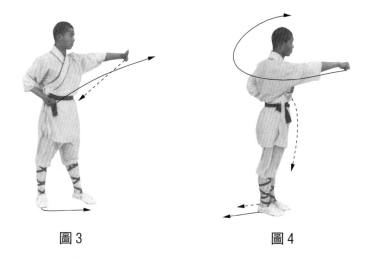

圖 3　　　　　　　　圖 4

1. 金沙飛掌

抬左腳向左跨一步，左拳變掌，由內向左撩打，掌心向前；右拳仍抱腰間。目視左手（圖3）。

2. 盯心鏢拳

以兩腳為軸，體向左轉90度，抬右腳向前上一步，震腳（響亮），與左腳成併步。同時右拳向前沖擊，拳心向下；左掌向外抖肘抱拳，放於腰間。目視右拳（圖4）。

圖5   圖6

3. 打虎靠山

右腳向後退一步，收左腳落右腳前，腳尖點地，兩腿半蹲成左虛步。同時左拳向前撩打，然後下栽左膝上部；右拳隨身向後，架於頭上前方，拳心向前。目視前方（圖5）。

4. 盯心鏢拳

抬左腳向前上半步，屈膝，使兩腿成左弓步。同時左拳向前沖擊，拳心向下；右拳抱於腰間，拳心向上。目視左拳（圖6）。

圖 7　　　　　　圖 8

5. 二郎擔山

以兩腳為軸，體向右轉 180 度，抬兩腳向前跳一步，使右腳落於左腳前，成右弓步。同時兩拳回胸前環弧，然後前後沖擊，兩拳心向下。目視右拳（圖 7）。

6. 雙關鐵門

以兩腳為軸，體向左轉 180 度，收左腳向後退半步，兩腿微蹲成左虛步。同時兩拳由外向內屈肘抱拳，拳心向裏。目視前方（圖 8）。

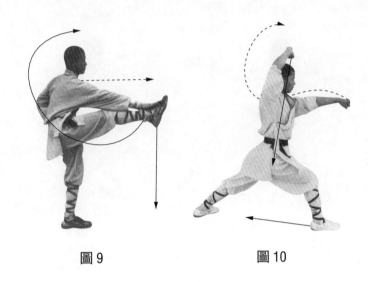

圖9　　　　　　　　圖10

7. 踩　腳

抬右腳向前、向上彈踢，腳面繃平。同時右拳變掌，向前、向上拍擊右腳面（響亮）；左拳抱於腰間。目視右手（圖9）。

8. 換景移山

右腳下落左腳前一步，使兩腿成右弓步。同時左拳向前沖擊，拳心向下；右拳架於頭上前方，拳心向前。目視左拳（圖10）。

圖 11　　　　　　　　　圖 12

9. 金童獻圖

　　以兩腳為軸，體向左轉 90 度，抬右腳向左腳前上一步，腳跟提起，兩腿半蹲成右虛步。同時兩拳變掌，左掌上架頭上前方，掌心向上；右掌向右側下方劈按，掌心向下。目視右側（圖 11）。

10. 千斤砸拳

　　抬兩腳向右轉身（180 度）跳步，兩腳落地後屈膝半蹲成馬步。左拳向前屈肘下劈，拳心向內；右拳抱於腰間，拳心向上。目視左拳（圖 12）。

圖 13   圖 14

11. 左右開弓

　　以兩腳為軸，體向左轉 90 度，使兩腿成左弓步。同時左拳變掌，由後前拉，然後變拳抱於腰間，拳心向上；右拳向前沖擊，拳心向左。目視右拳（圖 13）。

　　接上動作，體向右轉 90 度，使兩腿成馬步。同時右拳變掌，由前後拉，然後變拳，屈肘抖拳，高與頜平；左拳由後向前沖擊，拳心向前。目視左拳（圖 14）。

圖 15　　　　　　　　　圖 16

12. 鷂子翻山

抬兩腳向右轉身（90度）跳步，左腳落右腳
前，兩腿微蹲成左虛步，同時兩拳變掌，隨身向
前屈肘插掌，兩掌交叉，左掌在外。目視兩手
（圖15）。

13. 盯心鏢拳

左腳向前上半步，使兩腿成左弓步。同時兩
掌變拳，右拳向前沖擊，拳心向下；左拳抱於腰
間，拳心向上。目視右拳（圖16）。

圖 17　　　　　　　　圖 18

14. 勒馬按拳

收左腳向後退半步，兩腿半蹲成左虛步。同時左拳由外向內、向前畫弧，然後下栽左膝上，拳心向後，右拳抱於腰間，拳心向上。目視前方（圖 17）。

15. 單風貫耳

抬右腳向前上一步，使兩腿成右弓步。同時左拳變掌，與右拳向前相擊（響亮）。目視兩手（圖 18）。

圖 19　　　　　圖 20

16. 追風相連

體向左轉 90 度，使兩腿成馬步，兩臂由前向後屈肘抱拳，然後體再向右轉 90 度，使兩腿成右弓步。同時，左拳向前沖擊，拳心向下；右拳向右撩打。目視右拳（圖 19）。

17. 順手牽羊

以兩腳為軸，體向左轉 90 度，使兩腿屈膝成馬步。同時右手由外向內、向前磕肘抖拳，拳心向內；左拳抱於腰間，拳心向上。目視右拳（圖 20）。

圖 21   圖 22

18. 左右踩腳

以兩腳為軸，體向右轉 90 度，抬左腳向前、向上彈踢。同時左手向前、向上拍擊左腳面（響亮），右拳抱於腰間。目視左手（圖 21）。

接上動作，左腳下落右腳前一步，抬右腳向前、向上彈踢。右拳變掌，向前、向上拍擊右腳面（響亮）；左掌變拳收回腰間。目視右手（圖 22）。

19. 猛虎跳澗

右腳下落左腳前一步，體向左轉 90 度，抬兩

圖 23　　　　　　　圖 24

腳向左跳一步，左腳落右腳左側一步，右腿全
蹲，左腿仆地伸直，使兩腿成左仆步。同時左拳
變掌，與右掌同時向兩腿前方拍擊地面。目視左
側（圖 23）。

20. 盯心鏢拳

起身，體左轉 90 度，右腳向前上半步。同時
兩掌變拳，左拳向前沖擊，拳心向下；右拳抱於
腰間，拳心向上。目視左拳（圖 24）。

圖 25　　　　　　　　　圖 26

21. 天王托塔

右腳移於左腳後外側，使兩腿成插步。同時
兩拳變掌，向前屈肘搶出，右掌位於左肘內側，
兩掌心都向上。目視左手（圖 25）。

22. 換景移山

抬左腿向前提膝。同時右手向前下方搶出，
高與腹平，掌心向上；左手向內屈肘附於右肘
上，掌心向下。目視右手（圖 26）。

圖 27 圖 28

接上動作，左腳下落於右腳前一步，使兩腿成左弓步。同時兩掌變拳，左拳向前沖擊，拳心向下；右拳架於頭上前方，拳心向上。目視左拳（圖27）。

23. 珍珠倒捲簾

兩腳跳起，右腳落於左腳前，屈膝半蹲，使兩腿成右虛步。同時兩拳變掌，由上向兩側、向下畫弧，然後向內屈肘插掌於胸前，兩掌心都向外，右掌在前。目視兩手（圖28）。

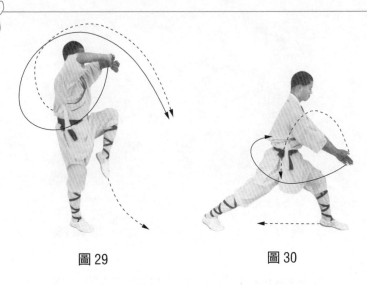

圖 29 圖 30

24.雙風貫耳

抬左腿向前提膝。同時兩掌變拳，由下向上、由外向內相擊，高與額平。目視兩拳（圖 29）。

25. 勒馬按拳

左腳下落於右腳前一步，使兩腿成左弓步。同時兩拳變掌，由上向下、由外向內相擊（響亮）。目視兩手（圖 30）。

接上動作，收左腳向後半步，使兩腿半蹲成左虛步。同時兩掌變拳，左拳由前向後按於左膝上；右拳抱於腰間，拳心向上。目視前方（圖 31）。

圖 31

圖 32

26. 五花起腳

抬右腳向前、向上彈
踢，右拳變掌拍擊右腳面
（響亮）；左拳抱於腰
間，拳心向上。目視右手
（圖 32）。

接上動作，右腳下落
於左腳內側，以右腳為
軸，體向右轉 180 度，同
時抬左腿屈膝向後，左手向後拍擊左腳掌，右拳
抱於腰間（圖 33）。

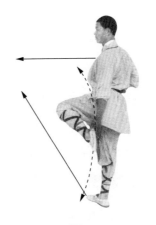

圖 33

圖 34　　　　　　　　　圖 35

　　接上動作，左腳不落地，抬右腳向上、向前彈踢。右拳變掌，向前拍擊右腳面（響亮）；左掌變拳，抱於腰間。目視右手（圖 34）。

　　接上動作，右腳下落左腳前一步，抬兩腳向左轉身（360 度）起跳，當全身騰空時，出左手拍擊右腳內側（響亮）（圖 35）。

27. 坐山勢

　　兩腳落地後，抬右腳向左震腳，左腳向左跨一步，使兩腿成馬步。同時兩掌變拳，右拳向左劈打，再向右畫弧，架於頭上前方；左拳向右劈

圖 36

打，再向左畫弧，然後向左屈肘，拳栽左膝蓋上部。目視左側（圖36）。

收　勢

收左腳與右腳成併步，同時兩拳變掌（右掌由上向下，左掌由下向上再向下）遇胸前畫弧後，兩臂下垂，掌附大腿外側，身胸挺直。目視前方。

五、少林連環拳

歌訣：

連環拳法招相連，十九招勢招招尖。

出招勒馬沖肘拳，十字彈腿飛鏢竄。

臥底炮驚鷂子翻，左右出掌推倒山。

泰山壓頂雞獨立，閃門炮拳打三邊。

開路炮接沖心肘，轉身陰手開地泉。

更有摺手撩陰腳，上打下踢緊連環。

掌拳肘足密相合，強手面前稱英漢。

動作名稱及順序

預備勢	1. 勒馬沖拳	2. 十字彈腿
3. 馬步鏢拳	4. 臥底炮	5. 鷂子翻身
6. 上步推兩掌	7. 單叉掠掌	8. 摺手推掌
9. 十字踩腳	10. 泰山壓頂	11. 金雞獨立
12. 閃門炮拳	13. 金雞獨立	14. 雙沖拳
15. 開路炮	16. 沖心肘	17. 轉身插手
18. 泰山壓頂	19. 金雞獨立	收　勢

圖1　　　　　　　圖2

預備勢

兩腳併步站立，兩臂自然下垂，兩掌心向裏，附於大腿外側。目視前方（圖1）。

接上動作，兩掌由下向上畫弧，然後變拳抱於腰間。目視左側（圖2）。

1.勒馬沖拳

抬左腳向左跨一步，兩腿屈膝半蹲成馬步。同時左拳隨身向前屈肘抖拳，拳心向前；右拳抱於腰間，拳心向上。目視左拳（圖3）。

圖3

圖4　　　　　　　　　圖5

接上動作，以兩腳為軸，體向左轉 90 度。左腿屈膝，右腿蹬直，使兩腿成左弓步。同時右拳向前沖擊，拳心向下；左拳抱於腰間，拳心向上。目視右拳（圖 4）。

2.十字彈腿

抬右腳向前彈踢，左拳向前沖擊，拳心向下；右拳收抱腰間，拳心向上。目視左拳（圖 5）。

3.馬步鏢拳

右腳向前落一步，體向左轉 90 度，使兩腿屈

圖6 圖7

膝成馬步。同時右拳由後向右側沖擊，拳心向前；
左拳抱於腰間，拳心向上。目視右拳（圖6）。

4. 臥底炮

收兩腳向內跳成併步。同時左拳變掌，與右
拳在腹前下方相擊（響亮），兩腿全蹲。目視兩
拳（圖7）。

5. 鷂子翻身

抬兩腳向右轉身（180度）跳步，兩腳落地後
半蹲成馬步。同時左掌變拳，隨身向左側沖擊，
拳心向下；右拳架於頭上右側前方，拳心向前。

圖8   圖9

目視左拳（圖8）。

6. 上步推兩掌

以兩腳為軸，體向左
轉 90 度，抬右腳向前上
一步，使兩腿成右弓步。
同時兩拳變掌，左掌向前
屈肘推出，掌心向前；右
掌端於腰間，掌心向上。
目視左手（圖9）。

圖 10

接上動作，右弓步不變，右掌向前屈肘推出，
掌心向前；左掌端於腰間。目視右手（圖 10）。

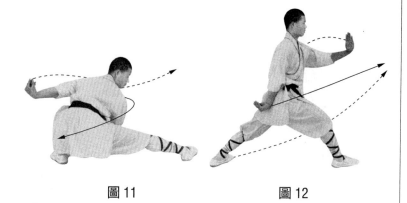

圖 11   圖 12

7. 單叉掠掌

兩腳不動，體向左轉 90 度，左腿全蹲，右腿
仆地伸直，使兩腿成右仆步。同時右手隨身向內
摟，掌落左腋前；左手向左後方甩成勾手，勾尖
向上。目視右側（圖 11）。

8. 撂手推掌

起身，使兩腿變成右弓步。同時左手隨身向
內撂後向前屈肘推出，掌心向前；右手向後甩成
勾手，勾尖向上。目視左手（圖 12）。

圖 13

圖 14

9. 十字踩腳

　　右腳不動，抬左腳向前、向上彈踢。同時出右手向前、向上拍擊左腳面（響亮）；左掌變拳抱於腰間。目視右手（圖 13）。

10. 泰山壓頂

　　左腳下落右腳前一步，使兩腿成左弓步。同時右掌抖肘，架於頭上前方，左拳變掌，向前屈肘推出。目視左手（圖 14）。

圖 15　　　　　　　　　圖 16

11. 金雞獨立

　　以兩腳為軸，向右轉體 180 度，抬右腿向前
提膝。同時右掌隨身屈肘端於胸前右側，掌心向
左；左手向內屈肘，護於右肘內側。目視右掌
（圖 15）。

12. 閃門炮拳

　　右腳下落左腳前近處，震腳（響亮），速抬
左腳向前跳一步，落右腳前，使兩腿成左弓步。
同時兩掌變拳，右拳向前沖擊，拳心向下；左拳
架於頭左側，高與耳平。目視右拳（圖 16）。

五、少林連環拳

圖 17   圖 18

13. 金雞獨立

抬右腿向前提膝。同時右拳向前沖擊，拳心向下；左拳變掌，向前屈肘護於右肘內側，掌心向裏。目視右拳（圖 17）。

14. 雙沖拳

右腳下落左腳前，震腳（響亮），抬左腳向上一步成左弓步。然後左掌變拳，兩拳向前沖擊，拳心向下。目視兩拳（圖 18）。

圖 19   圖 20

15. 開路炮

抬右腳向前、向上彈踢。同時兩拳變掌，右
掌向前拍擊右腳，左掌向前拍在右手背上（響
亮）。目視前方（圖 19）。

16. 沖心肘

右腳下落左腳前一步，使兩腿成右弓步。同
時右掌變拳，向前屈肘沖出，肘尖向前；左掌貼
住右拳。目視右肘（圖 20）。

<table>
<tr><td>圖 21</td><td>圖 22</td></tr>
</table>

17. 轉身插手

以兩腳為軸，體向左轉 180 度，使兩腿成左弓步。同時右拳變掌，隨身向前下方插掌，掌心斜向下；左掌屈肘，護於右肘上。目視右手（圖21）。

18. 泰山壓頂

以兩腳為軸，體向右轉 90 度，收左腳落右腳前一步，提腳跟，使兩腿成高虛步。同時左掌變拳，向前沖擊；右掌架於頭上前方，掌心向斜上方。目視前方（圖22）。

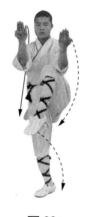

圖 23

圖 24

19. 金雞獨立

抬左腿向前提膝，同時左拳變掌，兩掌向前屈肘平搶，兩掌心斜向上。目視兩手（圖 23）。

收　勢

左腳下落，與右腳成併步。兩手收回胸前，兩臂下垂，身胸挺直，目視前方（圖 24）。

六、少林羅漢拳

歌訣：

少林羅漢拳，功修五百年。

起勢童拜佛，掏沖挖心拳。

枯樹盤根招，善睡虎蹬山。

七星臥枕迎面打，撂擠撩挎封崩纏。

六十一招闖天下，方知羅漢功眞緣。

動作名稱及順序

預備勢	1. 童子拜佛	2. 馬步單鞭
3. 震腳沖拳	4. 大鵬趫爪	5. 黑虎跳澗
6. 懷中抱月	7. 黑虎掏心	8. 十字踩腳
9. 枯樹盤根	10. 馬步鏢拳	11. 黑虎蹬山
12. 倒步推掌	13. 下砸捶	14. 黑虎蹬山
15. 羅漢睡覺	16. 橫沖捶	17. 臥地炮
18. 雙栽捶	19. 跳步沖拳	20. 十字彈腿
21. 大仙蹬腳	22. 右沖肘	23. 左沖肘
24. 搶　手	25. 側耳炮	26. 七　星
27. 臥　枕	28. 湘子挎籃	29. 臥虎撩爪

30. 黑虎蹬山　　31. 二起踩腳　　32. 金雞獨立

33. 掃趟腿　　　34. 枯樹盤根　　35. 迎面沙

36. 雙搶手　　　37. 大聖鑽雲　　38. 枯樹盤根

39. 白鶴亮翅　　40. 單叉摞手　　41. 白雲蓋頂

42. 連三踩腳　　43. 旋風七星　　44. 單　　鞭

45. 攔腰捶　　　46. 黑虎蹬山　　47. 磕　　肘

48. 迎面崩捶　　49. 金絲纏　　　50. 三沖拳

51. 下砸拳　　　52. 掄臂拳　　　53. 掏心捶

54. 二起腳　　　55. 彭公擠按　　56. 迎面捶

57. 金絲纏　　　58. 躍步七星　　59. 轉身盤肘

60. 白鶴亮翅　　　61. 坐山勢　　　收　勢

預備勢

兩腳併步站立，
身胸挺直，兩臂自然
下垂，兩掌附於大腿
外側，掌心向裏。目
視前方（圖1）。

圖1

圖2　　　　　　　　　　　　　　　圖3

　　接上動作，左腳向左開半步，兩掌由下向上、向外、往內畫弧，然後變拳抱於腰間。目視左側（圖2）。

1. 童子拜佛

　　抬左腿向右提膝，盤於右膝上。同時兩手由下向外、向上畫弧，然後再由外向內屈肘合掌，掌心相對，掌指向上，高與胸平。目視前方（圖3）。

2. 馬步單鞭

　　左腳向左落一步，兩腿屈膝半蹲，使兩腿成馬步。同時兩手由內向兩側展臂擺掌，兩掌心向

圖4

圖5

外。目視左側（圖4）。

3. 震腳沖拳

　　以兩腳為軸，體向左轉90度，左腿屈膝，右腿蹬直，使兩腿成左弓步。同時左掌抖腕變拳，右掌展臂向右。目視左拳（圖5）。

圖6　　　　　　　圖7

接上動作，抬右腳向前上一步，震腳，與左腳成併步，兩腿半蹲。同時右掌變拳，隨身向前屈肘沖擊；左拳向內屈肘，護於右肘下。目視右拳（圖6）。

4.大鵬趖爪

起身，抬右腳向前彈足，腳面繃平。同時兩拳變掌向前後展臂亮掌，目視右側（圖7）。

5.黑虎跳澗

右腳隨體右轉（45度）下落於右側一步，同時速抬左腳向左跳起，下落右腳左側一步，使兩

圖8　　　　　　　　　　圖9

腿成左仆步。兩掌向兩腿間下拍擊地（響亮）。
目視左側（圖8）。

6. 懷中抱月

　　起身，收右腳與左腳成併步。同時兩掌根相
合，抖兩腕擰手，然後上下屈肘，使兩臂向內，
兩掌心相照，左掌在下，高與臍平；右掌在上，
高與胸平。目視前方（圖9）。

7. 黑虎掏心

　　左腳向左開一步，體向左轉90度，使兩腿成
左弓步。同時右掌變拳，向前沖擊；左掌向外畫

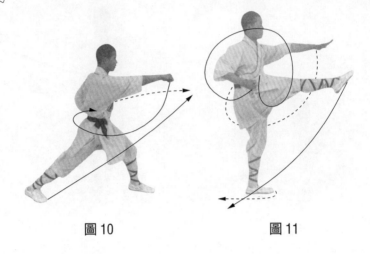

圖 10 　　　　　　　　　圖 11

弧，然後變拳，抱於腰間。目視右拳（圖 10）。

8.十字踩腳

抬右腳向前、向上彈踢，腳面繃平。同時左
拳變掌，向前、向右拍擊右腳面（響亮）；右拳
抱於腰間。目視左手（圖 11）。

9.枯樹盤根

右腳下落左腳後一步，以兩腳為軸，體向右
轉 270 度，使兩腿成插步，兩腿全蹲成歇步。同
時左掌變拳，向前沖擊；右拳抱於腰間。目視左
拳（圖 12）。

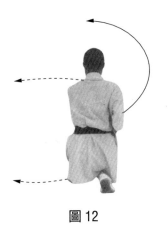

圖 12

圖 13

10. 馬步鏢拳

起身，抬左腳向左跨一步，兩腿半蹲成馬步。同時左拳向左側沖擊，拳心向下；右拳變掌，上架於頭上前方。目視左拳（圖 13）。

11. 黑虎蹬山

圖 14

體向左轉 90 度，右腳向前上半步，位於左腳後。同時右掌向前屈肘搶出，左拳抱於腰間。目視右掌（圖 14）。

圖 15　　　　　　　　　　圖 16

接上動作，以左腳為軸，抬右腳隨體左轉
（90度）向左側彈蹬。同時右掌放於右大腿上，
左拳端於腰間。目視前方（圖15）。

12. 倒步推掌

右腳向右落一步，使兩腿成左弓步。同時右
掌向前屈肘推出，左掌端於腰間。目視右掌（圖
16）。

接上動作，左腳向後退一步，左掌向前屈肘
推出，右掌端於腰間。目視左掌（圖17）。

接上動作，右腳向後退一步。同時右掌向前
屈肘推出，左掌端於腰間。目視右掌（圖18）。

圖 17　　　　　　　　　　圖 18

圖 19

13. 下砸捶

　　以兩腳為軸，體向右轉 180 度，右腿半蹲，左腿跪地。同時兩掌變拳，左拳向前屈肘砸擊，右拳抱於腰間。目視左拳（圖 19）。

接上動作，左腳向前一步，落於右腳跟後成丁字步，兩腿全蹲。同時右拳向前屈肘砸擊，左拳抱於腰間。目視右拳（圖20）。

圖20

14. 黑虎蹬山

起身，震右腳，抬左腳向左後側彈踹。右拳屈肘護頸右側，左拳向內護襠。目視左側（圖21）。

接上動作，左腳下落右腳前一步，抬右腳向前、向上彈踢（圖22）。

圖21　　　　　　　　圖22

圖 23   圖 24

15. 羅漢睡覺

右腿下落左腳後一步，體向左轉 90 度，兩腿全蹲成歇步。同時右拳屈肘向內，使拳頂住右臉部；左拳屈肘下劈，拳放於右腳踝上。目視左側（圖 23）。

16. 橫沖捶

起身，以兩腳為軸，體向右轉 180 度，兩腿屈膝成馬步。同時左拳隨身向左微屈肘砸擊，右拳抱於腰間。目視左拳（圖 24）。

圖 25   圖 26

17. 臥地炮

收右腳，震腳（響亮），與左腳成併步。同時左拳變掌，與右拳在胸前屈肘相擊（響亮），兩腿半蹲。目視兩手（圖 25）。

18. 雙栽捶

抬左腳向左跨一步，兩腿半蹲成馬步。同時左掌變拳，與右拳同時屈肘栽拳，使兩拳分別栽於兩大腿上部。目視左側（圖 26）。

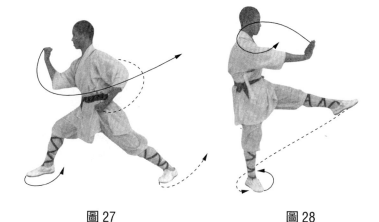

圖 27　　　　　　　　圖 28

19. 跳步沖拳

抬兩腳向左轉身（90 度）跳步，右腳落於左腳前，使兩腿成右弓步。同時右拳向前屈肘崩拳，左拳抱於腰間。目視右拳（圖 27）。

20. 十字彈腿

以右腳為軸，體向左轉 180 度，抬左腳向前、向上彈踢。右拳變掌，向前推出，掌心向前；左拳抱於腰間。目視右手（圖 28）。

圖 29 圖 30

21. 大仙蹬腳

在腳下落右腳後，速抬右腳向前溜地蹬出，腳尖翹起。右拳向上屈肘抖拳，左拳變掌向上護於右肘上，左腿微屈，上體稍向後仰（圖 29）。

22. 右沖肘

右腳向後、向右橫落一步，體向右轉 90 度，抬左腳向前上一步，然後再抬右腳向前上一步，使兩腿成右弓步。同時右拳屈肘前沖，肘尖向前；左掌隨身向前屈肘推附於右拳。目視右肘端部（圖 30）。

圖 31　　　　　　　　圖 32

23. 左沖肘

接上動作，兩腳不動，左掌變拳，向前屈肘沖擊，肘尖向前；右拳隨身變掌，向內屈肘，推附左拳。目視左肘（圖31）。

24. 搶　手

左拳變掌，與右掌同時向前平搶，然後抬右腿向前提膝，兩掌變拳，抱於腰間（圖32）。

右腳下落於左腳前，使兩腿成右弓步。同時右拳變掌，向前屈肘搶手，掌心向裏；左拳抱於腰間。目視右手（圖33）。

圖 33　　　　　　　　圖 34

25. 側耳炮

以兩腳為軸，體向左轉
180 度，使兩腿成左弓步。
同時左拳屈肘抖拳，高與耳
平；右拳向後劈擊。目視前
方（圖 34）。

26. 七　星

圖 35

左腳不動，抬右腳向前上一步，震腳（響
亮），與左腳成併步。同時右拳向前直沖，左拳
仍架於耳左側，兩腿半蹲。目視右拳（圖 35）。

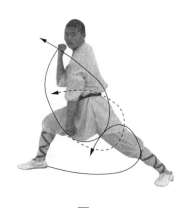

圖 36　　　　　　　　　　圖 37

27. 臥　枕

右腳向前上一步，使兩腿成右弓步。同時兩
拳回胸前環弧，然後右拳向上屈肘抖拳，使拳高
與右耳相平；左拳向左栽擊，拳落兩襠間。目視
左側（圖 36）。

28. 湘子挎籃

兩拳變掌，由右向左下方摺手，然後變拳，
收右腳向前提膝。同時右拳屈肘上沖抖拳，高與
腭平；左拳向內屈肘，護於右肘內下側。目視右
拳（圖 37）。

圖 38 　　　　　　　　圖 39

29. 臥虎撩爪

　　右腳下落於左腳前一步，屈膝半蹲，左腿跪地，同時右拳變掌，向前掠打；左拳抱於腰間。目視右手（圖 38）。

　　接上動作，左腳向前上一步，屈膝半蹲，右腿跪地。同時左拳變掌，向前掠打；右掌變拳，抱於腰間。目視左手（圖 39）。

30. 黑虎蹬山

　　起身，體向右轉 45 度，抬右腳向右後側彈蹬。同時右拳變掌，向右掠打，掌附右大腿外

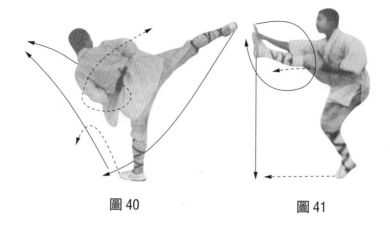

圖 40　　　　　　　　　　圖 41

側；左掌變拳，抱於腰間。目視右側（圖 40）。

31. 二起踩腳

體左轉 45 度，右腳落左腳前，抬兩腳向前、向上彈跳。當全身騰空時，出右掌向前、向上拍擊右腳面（響亮），左拳抱於腰間。目視右手（圖 41）。

32. 金雞獨立

右腳下落左腳前一步，收左腳落右腳後，腳尖點地，成左丁字步。同時右掌向前屈肘推出；左拳變掌向內屈肘，掌附右上臂內側。兩腿微

圖 42

圖 43

蹲，目視右手（圖42）。

33. 掃趟腿

左腳向左跨一步，以左腳為軸，然後上體前俯，抬右腳向左往後再返前掃一周，兩掌附地。目視左側（圖43）。

34. 枯樹盤根

起身，抬右腳向左移一步，落於左腳外側，使兩腿成插步，兩腿全蹲成歇步。同時右掌屈肘亮掌，掌與額平；左手向內屈肘，掌附右肘之上（圖44）。

圖 44

圖45　　　　　　　　圖46

35. 迎面沙

抬左腳向左跨一步，右手向左側下方抓一把，然後兩腿屈膝成馬步。同時右手由左向右屈肘亮掌，高與頭平；左手向內屈肘，護於右肘下。目視左側（圖45）。

36. 雙搶手

以兩腳為軸，體向左轉90度。抬右腳向前上一步，震右腳，與左腳成併步，兩腿微蹲。同時兩掌向前屈肘搶出，掌心斜向上。目視兩掌（圖46）。

圖 47　　　　　　　圖 48

37. 大聖鑽雲

　　抬兩腳向前、向上跳躍，當全身騰空時，右腳向上彈踢，同時兩手隨身向後擺臂。目視前方（圖 47）。

38. 枯樹盤根

　　兩腳落地後，右腳在左腳前一步，以兩腳為軸，體向左轉 270 度，兩腿全蹲成歇步。同時兩掌變成剪指手，向內展臂屈肘，使兩剪指抵住兩太陽穴。目視前方（圖 48）。

圖 49	圖 50

39. 白鶴亮翅

歇步不變，兩剪指由內向外展臂抖肘側展，兩掌心向前。目視右側（圖49）。

接上動作，起身，使歇步變成插步。同時兩剪指由外向內、向上舉臂抖掌，兩掌心向上，高於頭上。目視前方（圖50）。

40. 單叉撂手

左腳向左落一步，右腿全蹲，左腿仆地伸直，使兩腿成左仆步。同時左剪指變柳葉掌，由右向左側下方掠手；右掌變拳，抱於腰間。目視

圖 51   圖 52

左手（圖51）。

41. 白雲蓋頂

起身，右腳向前上半步，同時左掌由下向外、向上畫弧，架於頭上前方，掌心向上；右拳抱於腰間，拳心向上。目視前方（圖52）。

42. 連三踩腳

抬右腳向前、向上彈踢。右拳變掌，向前、向上拍擊右腳面（響亮），左掌變拳抱於腰間。目視右手（圖53）。

圖 53　　　　　　　　　　　圖 54

接上動作，右腳下落左腳前一步，抬左腳向前、向上彈踢。左拳變掌，拍擊左腳面（響亮）；右掌變拳抱於腰間。目視左手（圖54）。

接上動作，左腳下落右腳前一步，抬右腳向前、向上彈踢。右拳變掌，拍擊右腳面（響亮）；左掌變拳抱於腰間。目視右手（圖55）。

圖 55

圖 56　　　　　　　　圖 57

43. 旋風七星

　　右腳下落左腳前半步，以右腳為軸，抬左腳向右旋轉 360 度，轉身後右腳落左腳前一步，抬左腳向前上半步，與右腳成併步，左腳尖點地，成左丁字步。同時右掌變拳，向前沖擊；左拳向前屈肘，拳護右肘內側。兩腿半蹲，目視右拳（圖 56）。

44. 單　鞭

　　右腳向前上一步，以兩腳為軸，體向左轉 90 度，使兩腿成馬步。同時兩拳由內向兩側展臂沖擊，目視左側（圖 57）。

圖 58

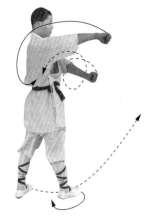

圖 59

45. 攔腰捶

收右腳落左腳前，腳尖點地，成右丁字步。
同時兩拳屈肘收回胸前，右臂高與肩平，左臂向
右，高與肋平，兩拳心都向右。兩腿微蹲，目視
右側（圖 58）。

接上動作，抬右腳向右上一步，左腳緊跟著
向前滑半步，同時兩拳向前上下攔擊，右拳在
上，高與肩平；左拳在下，高與臍平，兩拳心都
向右。目視前方（圖 59）。

圖 60   圖 61

46. 黑虎蹬山

以右腳為軸，體向右轉 90 度，抬左腳向左側彈蹬。同時左拳變掌，與右拳在腹前屈肘相抱。目視左側（圖 60）。

47. 磕　肘

左腳下落左側一步，體向左轉 90 度，使兩腿成左弓步。同時右拳屈肘向前崩出；左掌向內屈肘，掌擊右前臂。目視右肘（圖 61）。

48. 迎面崩捶

抬右腳向前上一步。同時右拳向前崩出，拳

圖 62　　　　　　　　圖 63

心向上；左掌向前屈肘附於右肘下，掌心向上，目視右拳（圖62）。

　接上動作，兩腳不動，收右拳向內、向下再反上向前崩擊，拳心向下；左掌附於右肘之上。目視右拳（圖63）。

49. 金絲纏

　右腿半蹲，左腿半跪，同時收右拳，向內旋肘、屈肘、抖拳；左掌附於右拳上（圖64）。

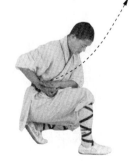

圖 64

圖 65 　　　　　　　　　　　　圖 66

50. 三沖拳

　　兩腳不動，左掌變拳，向前沖擊；右拳抱於腰間，拳心向上。目視左拳（圖65）。

　　接上動作，右拳向前沖擊，左拳抱於腰間（圖66）。

圖 67

　　接上動作，左拳向前沖擊，右拳抱於腰間，兩腿微蹲，目視左拳（圖67）。

51. 下砸拳

　　左膝下沉成低跪步，右腿半蹲。同時右拳向

前下方砸擊，左拳抱於腰
間。目視右拳（圖 68）。

52. 掄臂拳

　起身，使兩腿成拖
步。同時右拳由下向上再
往下、左拳由下向上掄
臂，使左臂上舉，右臂下
沉（圖 69）。

圖 68

　接上動作，兩拳仍以肩關節為軸，左拳由上
往下、右拳由下向上掄臂。目視左側（圖 70）。

圖 69

圖 70

圖 71　　　　　　　　　圖 72

53. 掏心捶

右腳向前上一步，體向左轉 180 度，左腿屈膝，使兩腿成左弓步。同時右拳向前沖擊，左拳抱於腰間。目視右拳（圖 71）。

接上動作，體向右轉 90 度，使兩腿成馬步。同時左拳向左側砸擊，右拳抱於腰間。目視左拳（圖 72）。

54. 二起腳

體向左轉 90 度，抬兩腳向前、向上彈跳。當全身騰空時，右拳變掌，向前拍擊右腳面（響亮）；左拳抱於腰間。目視右手（圖 73）。

少林拳

圖 73

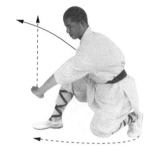

圖 74

55. 彭公擠按

　　右腳向後落一步，體向右轉180 度，右腿全蹲，左腿半跪。同時左掌隨身由上向下屈肘按肘；右掌由內向外畫弧，然後變拳抱於腰間。目視左手（圖 74）。

56. 迎面捶

圖 75

　　起身，左腳向前一步，與右腳成併步。同時右拳向前沖擊，左掌向內屈肘附於右上臂內側。目視右拳（圖 75）。

圖 76

圖 77

57. 金絲纏

兩腳不動，兩腿半蹲。同時右拳屈肘由外向內旋肘抖拳；左掌向右屈肘，掌按右拳上。目視前方（圖76）。

58. 躍步七星

起身，抬兩腳向前、向上縱跳（圖77）。

接上動作，兩腳向前下落成併步，兩腿半蹲。同時右拳向前下方沖擊；左拳向內屈肘，護於右肘內側。目視右拳（圖78）。

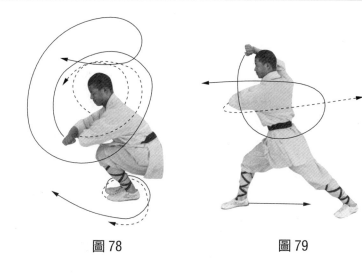

圖 78   圖 79

59. 轉身盤肘

起身，右腳向前上一步，以右腳為軸，抬左腳體向右轉 360 度，轉身後右腳落左腳前，使兩腿成右弓步。同時左拳屈肘向前扛出，右拳架於頭上前方。目視前方（圖 79）。

60. 白鶴亮翅

以兩腳為軸，體向左轉 90 度，收右腳與左腳成併步。同時兩拳變掌，由內向兩側推出，兩掌心都向外。目視右手（圖 80）。

圖 80   圖 81

61. 坐山勢

　　震右腳（響亮），抬左腳向左
跨一步，使兩腿屈膝成馬步。同時
兩掌變拳，右拳由右向左劈打，然
後向右畫弧架於頭上前方；左拳由
左向右劈打，然後下栽左膝上方。
目視左側（圖 81）。

圖 82

收　勢

　　左腳收靠右腳，兩腳併步站立，身胸挺直，
兩拳端於腰間，拳心向上，目視前方（圖 82）。
然後成掌放下，掌心附於大腿外則。

七、少林梅花拳

歌訣：

梅花起勢關鐵門，盯心鏢拳專掏心。

湘子拎籃起鋼肘，撩陰腳崩千斤勁。

黑虎跳澗快如電，地趟剪腿招如神。

二起踩腳猛如炮，燕子斜飛鷂翻身。

金雞獨立取雙目，雷公飛天恨驟緊。

少林梅花地趟拳，二十七勢功夫真。

動作名稱及順序

預備勢	1. 雙關鐵門	2. 盯心鏢拳
3. 踩腳	4. 閃門炮拳	5. 金雞獨立
6. 取虎眼	7. 二郎擔山	8. 踩　腳
9. 黑虎跳澗	10. 燕子斜飛	11. 掃蹚腿
12. 二起踩腳	13. 猛虎出洞	14. 濺步地趟
15. 地溜剪勢	16. 地端腿	17. 勒馬沖拳
18. 雷公飛天	19. 金雞獨立	20. 撩陰腳
21. 踩　腳	22. 黑虎跳澗	23. 單風貫耳
24. 五花起腳	25. 鷂子翻身	26. 二起踩腳
27. 坐山勢	收　勢	

圖1　　　　　　　　　　圖2

預備勢

兩腳併步站立，身胸挺直，兩臂自然下垂，兩掌附於大腿外側。目視前方（圖1）。

接上動作，左腳向左跨半步，兩手由內往外再往上畫弧，然後變拳，抱於腰間。目視左側（圖2）。

1. 雙關鐵門

以兩腳為軸，體左轉90度，抬右腿向前提膝。同時兩拳變掌，由下向上、向前搶出，掌心向下。目視兩手（圖3）。

圖3

圖4

接上動作，右腳下落震腳（響亮），與左腳成併步，然後左腳尖點地，成左丁字步。同時兩掌翻腕，屈肘變拳，高與腭平，兩腿微蹲。目視兩拳（圖4）。

2. 盯心鏢拳

左腳向前上一步，使兩腿成左弓步。同時左拳向前沖出，右拳抱於腰間。目視左拳（圖5）。

圖5

圖6   圖7

3. 踩　腳

　　抬右腳向前、向上彈踢，同時右拳變掌，向前、向上拍擊右腳面（響亮），左拳抱於腰間。目視右手（圖6）。

4. 閃門炮拳

　　右腳下落左腳前一步，體向左轉 90 度，兩腿半蹲成馬步。同時右掌變拳，向內屈肘，右拳高與肩平，左拳抱於腰間（圖7）。

　　以兩腳為軸，體向右轉 90 度，使兩腿成右弓步。同時左拳向前沖擊，右拳由左向右、向上畫

圖8　　　　　　　　　圖9

弧，然後上架頭上前方（圖8）。

5. 金雞獨立

以兩腳為軸，體向左轉90度，收右腳移於左腳前半步，兩腿微蹲成右虛步。同時兩拳變掌，左掌向上舉臂亮掌，右掌向右側下方切掌。目視右側（圖9）。

6. 取虎眼

先抬右腳，後抬左腳，向右轉身（180度）跳步，兩腿半蹲成馬步。同時兩掌變拳，兩拳由兩側向內屈肘抖拳，高平膻中穴。目視前方（圖

少林拳

圖 10   圖 11

10）。

7. 二郎擔山

兩腳不動，馬步不
變，兩拳由內向上再向下
側劈，拳稍高於肩。目視
左側（圖11）。

8. 踩　腳

圖 12

以兩腳為軸，體向右
轉90度，抬右腳向前、向上彈踢，同時右拳變
掌，向前、向上拍擊右腳面（響亮），左拳抱於
腰間。目視右手（圖12）。

圖 13   圖 14

9. 黑虎跳澗

右腳不落地，抬左腳隨體右轉（45度），向左跳一步，右腿全蹲，左腿仆地伸直，使兩腿成左仆步。同時左拳變掌，向左側下壓；右手向內屈肘，掌護左肩前。目視左側（圖13）。

10. 燕子斜飛

起身，兩腿變左弓步。同時兩掌變拳，左拳由右向左、向後，右拳由後向右、向前旋腰，展臂斜沖，右拳斜向上，左拳斜向下。目視右拳（圖14）。

圖 15   圖 16

11. 掃蹚腿

以兩腳為軸,體向右轉 90 度。兩拳變掌,按於兩腿之間,以左腳為軸,抬右腿向右往後溜地掃 180 度(圖 15)。

12. 二起踩腳

兩腳站穩後,先抬左腳後抬右腳,向前、向上彈跳。當全身騰空時,出右掌向前、向上拍擊右腳面(響亮),左拳抱於腰間。目視右手(圖16)。

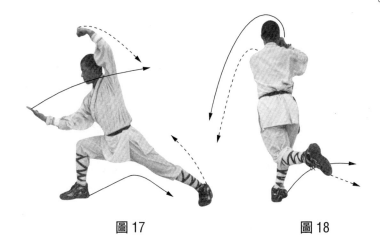

圖 17   圖 18

13. 猛虎出洞

右腳下落左腳前一步，使兩腿成右弓步。同時右手向前微屈肘搶出，掌心向上，左拳上架於頭上前方，上體向前傾斜。目視右手（圖 17）。

14. 濺步地趟

以左腳為軸，抬右腳向左轉身（270 度）跳步，右腳落地後抬左腳向右微提膝。同時右掌變拳，左拳變掌，在胸前相擊（圖 18）。

圖 19

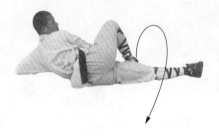

圖 20

少林拳

接上動作，左腳向左落一步，上身向左俯地，兩掌按於胸前。目視右側（圖 19）。

15. 地溜剪勢

接上式，右腳向內屈膝跺地（響高）（圖 20）。

接上式，抬右腿向右後方撥，使兩腿成交剪勢。目視右側（圖 21）。

16. 地踹腿

左腳不動，抬右腳向右側上方踹。目視右腳

圖 21

圖 22

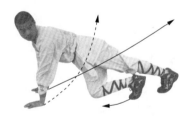

圖 23

（圖 22）。

17. 勒馬沖拳

　　接上式，右腳下落左腳左側上方，兩手推地支撐，上體左轉 90 度，目視左側（圖 23）。

圖 24　　　　　　　　圖 25

　　接上式，起身，以兩腳為軸，體向左轉 90
度，使兩腿成左弓步。同時左掌向前往後勒把，
然後變拳抱於腰間；右掌變拳，向前沖擊。目視
右拳（圖 24）。

18. 雷公飛天

　　先抬左腳，後抬右腳，向右轉身（360 度）跳
步。轉身後左腳在前，右腳在後，兩腿半蹲。同
時兩拳變掌，由上向外再由外向腹前下方合擊
（響亮）。目視兩手（圖 25）。

19. 金雞獨立

　　兩腳不動，蹲步不變，兩掌由左向右翻腕，

圖 26

圖 27

使兩掌成插手，左手在
上，兩掌心相對（圖
26）。

接上動作，右腳不
動，抬左腿向前提膝。同
時左掌向左側下方劈按，
右掌舉臂上架頭上右側。
目視前方（圖27）。

20. 撩陰腳

右腳不動，抬左腳向前彈踢，右手上舉，目
視左腳（圖28）。

圖 28

圖 29　　　　　　　　　圖 30

21. 踩　腳

　　左腳下落右腳前一步，以兩腳為軸，體向右轉 180 度，抬右腳向前、向上彈踢。同時右掌向前拍擊右腳面，左掌變拳抱於腰間。目視右手（圖 29）。

22. 黑虎跳澗

　　右腳下落左腳內側，速抬左腳向前跳一步，左腳落地變成左仆步（上體右轉 90 度）。同時左拳變掌，向胸前下方按地；右掌向左屈肘，掌護左肩前。目視左側（圖 30）。

圖 31　　　　　　　　圖 32

23. 單風貫耳

　　起身，體向左轉 90 度，使兩腿成左弓步。同時右掌變拳，與左掌在胸前屈肘相擊（響亮）。目視兩手（圖 31）。

24. 五花起腳

　　抬右腳向左轉身（90 度）跳步，當右腳落地後速抬左腳向後屈膝提起，同時右拳變掌，向後拍擊左腳跟（響亮）；左手向內屈肘，在胸前亮掌。目視右手（圖 32）。

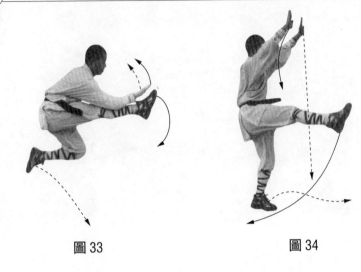

少林拳

圖 33　　　　　　　　圖 34

　　接上式，體左轉 90 度，左腳不落地，抬右腳
向前、向上彈踢。當全身騰空時，出右手向前拍
擊右腳面（響亮）；左掌變拳抱於腰間。目視右
手（圖 33）。

　　接上式，左腳落地後，右腿微沉，快速向右
擺彈，同時出兩手由右往左拍擊右腳面（響
亮）。目視前方（圖 34）。

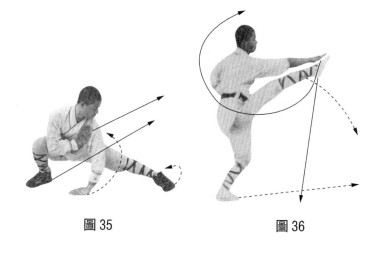

圖 35　　　　　　　　　圖 36

25. 鷂子翻身

右腳下落左腳內側，速抬左腳向左跳一步，使兩腿成左仆步。同時左掌隨身向胸前下方按地；右手向內屈肘亮掌，附於左肩前。目視左側（圖 35）。

26. 二起踩腳

起身，體向左轉 90 度，右腳向前上一步，抬左腳，再抬右腳向前、向上跳起。當全身騰空時，出右手向前拍擊右腳面（響亮），左掌變拳抱於腰間。目視右手（圖 36）。

圖 37

27. 坐山勢

右腳下落後震腳（響亮），抬左腳向左跳一步，體向右轉 90 度，使兩腿成馬步。同時兩掌變拳，右拳向左、左拳向右畫弧，然後左拳由右向左下栽左膝上，右拳由左向右上架於頭上前方。目視左側（圖 37）。

收　勢

收左腳與右腳成併步，同時兩拳變掌，左掌由下向上再往下畫弧，右掌由上往下畫弧，然後兩臂下垂，掌附大腿外側。目視前方。

八、少林朝陽拳

歌訣：

神拳起勢鳳朝陽，伸手要錢雙按掌。

枯樹盤根雞獨立，二起踩腳轟天堂。

鷂子翻山鏢心拳，老虎出洞武威揚。

按飛拉臥誘敵手，朝陽拳招冠武行。

動作名稱及順序

預備勢	1. 丹鳳朝陽	2. 伸手要錢
3. 雙按掌	4. 枯樹盤根	5. 金雞獨立
6. 臥地捶	7. 燕飛式	8. 伸手要錢
9. 二起踩腳	10. 金雞獨立	11. 縶地橛
12. 沖天炮	13. 三沖拳	14. 單 叉
15. 閃門炮拳	16. 鷂子翻山	17. 橫摘心捶
18. 順手牽羊	19. 摘心拳	20. 順手牽羊
21. 猛虎出洞	22. 雄鷹按兔	23. 霸王觀陣
24. 盯心鏢拳	25. 蠍子擺尾	26. 盯心鏢拳
27. 二起踩腳	28. 回頭望月	29. 臥 枕
30. 老虎出洞	31. 臥地炮	32. 坐山勢
收 勢		

圖1

圖2

預備勢

兩腳併步站立，身胸挺直，兩臂自然下垂，兩掌附大腿外側。目視前方（圖1）。

接上動作，兩掌向上抖腕變拳，抱於腰間。目視左側（圖2）。

1. 丹鳳朝陽

右腳向右跨半步，使兩腿成開步。同時右掌向右展出，掌心向上；左拳抱於腰間，拳心向上。目視右手（圖3）。

接上動作，右掌由前向內、向下再往上畫

圖3　　　　　　　　圖4

弧，然後向前伸出，
掌心向下；左拳抱於
腰間，拳心向上。目
視右手（圖4）。

2. 伸手要錢

圖5

　　右腳向右上半
步，體向右轉 90
度，使兩腿成右弓
步。同時左拳變掌，與右手同時向上、往外經頭
雲手畫弧，然後向前屈肘搶出，掌心斜向上。目
視兩手（圖5）。

圖6 圖7

3. 雙按掌

右腳後退一步，使兩腿成左弓步。同時兩手由前向後反上再向前、向下按掌，掌心向下。目視前方（圖6）。

4. 枯樹盤根

以兩腳為軸，體向右轉90度，右腳移於左腳後外側半步，使兩腿成插步，然後兩腿全蹲成歇步。同時右掌由下向上、向內再向下畫弧，然後向右側下方劈掌；左掌變拳抱於腰間，掌心向上。目視右手（圖7）。

圖8　　　　　　　　　　圖9

5. 金雞獨立

體向右轉 90 度，抬右腳向前震腳（響亮），與左腳成併步，然後抬左腿向前提膝。同時左拳向左側下擊，拳落左膝上部；右掌變拳，上架頭上前方。目視前方（圖 8）。

6. 臥地捶

左腳向前落一步，右腳向前震腳（響亮），與左腳成併步，兩腿半蹲。同時左拳變掌，與右拳在胸前下方相擊（響亮）。目視兩手（圖 9）。

圖 10

7. 燕飛式

起身，抬左腿向前彈出，上體後仰。同時右拳變掌，與左掌由胸前向兩側展臂伸掌。目視上方（圖 10）。

8. 伸手要錢

左腳向前落一步，體向右轉 180 度，使兩腿成右弓步。同時兩掌隨身向前屈肘搶出。目視兩手（圖 11）。

9. 二起踩腳

先抬左腳，後抬右腳，向前、向上跳躍，當

圖 11 圖 12

全身騰空時，出右手
向前拍擊右腳面（響
亮）；左掌變拳抱於
腰間，拳心向上。目
視右手（圖 12）。

10. 金雞獨立

右腳向前落一
步，抬左腿向前提
膝。同時右掌變拳，

圖 13

向前沖擊；左拳抱於腰間，拳心向上。目視右拳
（圖 13）。

圖 14　　　　　　　　圖 15

11. 絮地橛

左腳向後落一步，體左轉 180 度，左拳變成八字掌向前上扒，然後右腳上步震腳（響亮），與左腳成併步，兩腿半蹲。同時右拳向前下方栽擊，拳心向內；左拳向內屈肘橫擊，拳落右肘下。目視右拳（圖 14）。

12. 沖天炮

起身，震右腳（響亮），與左腳成併步。同時右拳從左前臂內掏出，向上屈肘沖擊；左拳不變，目視右拳（圖 15）。

圖 16　　　　　　圖 17

13. 三沖拳

抬左腳向前上一
步，使兩腿成左弓
步。同時右拳向前沖
擊，左拳抱於腰間
（圖16）。

接上式，左弓步

圖 18

不變，左拳向前沖
擊，右拳收回腰間（圖17）。

接上式，右拳向前沖擊，左拳收回腰間（圖
18）。

圖 19   圖 20

14. 單　叉

　　以兩腳為軸，體向右轉 90 度，左腿全蹲，右腿仆地伸直，使兩腿成右仆步。同時右拳變掌，由左上向右下方摺，左拳抱於腰間。目視右手（圖 19）。

15. 閃門炮拳

　　起身，使兩腿變成右弓步，同時左拳向前沖擊，拳心向下；右掌變拳，上架頭上前方，拳心向斜上方。目視左拳（圖 20）。

圖 21   圖 22

16. 鷂子翻山

抬兩腳向前跳一步，右腳落左腳後，體向右
轉 90 度，右腿全蹲，左腿仆地伸直，使兩腿成左
仆步。同時兩拳向左右環劈，然後抱於腰間。目
視左側（圖 21）。

17. 橫摘心捶

起身，體向左轉 90 度，抬右腳向前上一步，
上體繼而左轉 90 度，兩腿半蹲成馬步，同時右拳
向右側沖擊，左拳上架於頭上。目視右拳（圖
22）。

圖 23　　　　　　　　圖 24

18. 順手牽羊

以兩腳為軸，體向左轉 90 度，抬右腳由右向左前方撥踢。同時兩拳變掌，由兩側向內、向下屈肘相擊（響亮）。目視前方（圖 23）。

19. 摘心拳

右腳向後落一步，體向右轉 90 度，再抬左腳向前上一步，體再向右轉 90 度，兩腿半蹲成馬步。同時兩掌變拳，隨身環弧，左拳向左側沖擊，右拳抱於腰間。目視左拳（圖 24）。

圖 25　　　　　　　圖 26

20. 順手牽羊

以兩腳為軸，體向右轉 90 度，抬左腳由左向右撥踢，同時兩拳變掌，由外向內屈肘相擊，兩掌心相對。目視左腳（圖 25）。

21. 猛虎出洞

左腳向後落一步，體向左轉 180 度，右腳向前上一步，使兩腿成右弓步。同時兩掌變拳，向前環頭沖出，上體向前傾探。目視前方（圖 26）。

圖 27   圖 28

22. 雄鷹按兔

以兩腳為軸，體向左轉 90 度，兩腿半蹲成馬步。同時兩拳變掌，由右向左側下方抖臂下按。目視兩手（圖 27）。

23. 霸王觀陣

以左腳為軸，抬右腳體向右轉 270 度，轉身後右腳落左腳前，使兩腿成拖步。同時兩拳變掌，屈肘端於腰間（圖 28）。

圖 29　　　　　　　　　　　圖 30

　　接上式，右腳向後退一步，使兩腿成左弓步。同時兩掌由下往後翻上架於頭上前方，掌心向上。目視前方（圖29）。

24. 盯心鏢拳

　　抬右腳向前上一步，震腳，與左腳成併步。同時左手由上向外、向下攔，然後變拳抱於腰間；右拳向前沖擊，拳心向下。目視右拳（圖30）。

圖 31   圖 32

25. 蠍子擺尾

以右腳為軸，體向左轉 180 度，同時抬左腳向左往後旋擺，轉身後左腿提膝，兩拳抱於腰間。目視前方（圖 31）。

26. 盯心鏢拳

左腳下落右腳前一步，使兩腿成左弓步。同時右拳向前沖擊，左拳抱於腰間。目視右拳（圖 32）。

圖 33　　　　　　　　圖 34

27. 二起踩腳

抬兩腳向前、向上起跳，當全身騰空時右拳變掌，向前拍擊右腳面（響亮），左拳抱於腰間。目視右手（圖 33）。

28. 回頭望月

右腳下落左腳前一步，使兩腿成右弓步，上體左轉 90 度。左拳隨身勢變掌，向左側撩打；右手由內向外屈肘架掌，高與額平。目視左側（圖 34）。

圖 35　　　　　　　　圖 36

29. 臥　枕

抬右腳向左跳一步，落於左腳後，再抬左腳隨體右轉（180度）向左跨一步，使兩腿成左弓步。同時兩掌變拳，左拳向內屈縱肘，拳平耳垂；右拳向腹前揣擊，位落陰前，上體稍向左側傾探（圖35）。

30. 老虎出洞

體向左轉90度，抬右腳向前上一步，使兩腿成右弓步。同時兩拳隨身向反向撩打，然後環頭向右側上方環擊，右拳在右側前，左拳上架頭上

圖 37　　　　　　　　圖 38

左側。目視右側（圖 36）。

31. 臥底炮

體向左轉 90 度，收右腳向左震腳（響亮），與左腳成併步，兩腿全蹲。同時左拳變掌，與右拳在胸前下方砸擊。目視前方（圖 37）。

32. 坐山勢

起身，抬兩腳向左跳一步，使兩腿半蹲成馬步。同時兩拳向反向環劈，然後左拳向左側撩打，下栽左膝上；右拳向右上架頭上前方，拳心向上。目視左側（圖 38）。

圖 39

收　勢

　　收右腳與左腳成併步，同時，右拳向下、左拳向上再往下畫弧，然後兩臂下垂，拳抱腰間，身胸挺直。目視前方（圖 39）。

九、少林炮拳

歌訣：

少林炮拳最爲猛，趟腳如炮行如龍。

出拳崩砸沖打撩，把捶拳勁似雷聲。

躍騰行空如鑽雲，崩肘沖肘撕心痛。

枯樹盤根攻下盤，開門關門緊七星。

臥枕假睡妙撩陰，撅紫單鞭打斜形。

攔腰拐肘三面打，金雞獨立摘雙睛。

鷂子翻身仆地按，神鷹抓兔效天兵。

踩腳劈腿臥底炮，招招勢勢顯神通。

羅漢絕技五十四，走遍天下無人敵。

動作名稱及順序

預備勢	1. 掩手起把	2. 落把砸拳
3. 摘心捶	4. 枯樹盤根	5. 雙磕肘
6. 虎抱頭	7. 雲頂七星	8. 單　鞭
9. 虎抱頭	10. 雙關鐵門	11. 撩陰腳
12. 左斜形	13. 雙關鐵門	14. 左斜形
15. 劈　腿	16. 右斜形	17. 十字踩腳

少林拳

18. 摘心捶　　19. 枯樹盤根　　20. 倒步格拳

21. 雙磕肘　　22. 攔腰捶　　23. 黑虎蹬山

24. 擺　肘　　25. 撅　柴　　26. 雙風貫耳

27. 劈　腿　　28. 右斜形　　29. 迎面沙

30. 雲頂七星　31. 單　鞭　　32. 右臥枕

33. 左臥枕　　34. 右臥枕　　35. 摘心拳

36. 枯樹盤根　37. 雙磕肘　　38. 鷂子翻身

39. 拐　肘　　40. 撅　柴　　41. 雙風貫耳

42. 右斜形　　43. 拐毛籃　　44. 臥底炮

45. 攔腰拳　　46. 左斜形　　47. 推山掌

48. 拐　肘　　49. 鷂子翻身　50. 金雞獨立

51. 束　身　　52. 五指朝鳳　53. 雲頂七星

54. 單　鞭　　55. 坐山勢　　收　勢

預備勢

兩腳併步站立，兩臂下垂，掌附大腿外側，掌心向裏，身胸挺直。目視前方（圖1）。

圖1

圖2   圖3

接上動作，抬左腳向左跨半步。同時兩掌變拳，抱於腰間。目視前方（圖2）。

1.掩手起把

上體左轉90度，抬右腿向前提膝。同時左拳變掌，向內屈肘旋腕，停左側，再抬右拳由內向外、向上架肘抖拳，高與肩平，左掌向右屈肘推掌，護於右肘下方。目視右側（圖3）。

圖4　　　　　　　　　　　圖5

2. 落把砸拳

右腳下落左腳前一步，使兩腿成右弓步。同時右拳向前下方屈肘砸擊；左掌變拳，抱於腰間。目視前方（圖4）。

3. 摘心捶

以兩腳為軸，體向左轉180度，使兩腿成左弓步，同時右拳隨身由下向前、向上屈肘沖擊；左掌由外向內屈肘，掌附右肘上。目視右拳（圖5）。

4. 枯樹盤根

右腳移於左腳後外側，體右轉180度，兩腿

圖6①   圖6②

全蹲成歇步。同時右拳隨身向右側下方砸擊，左
掌變拳抱於腰間，目視右拳（圖6①）。

　　接上動作，左腳後退一步，兩腿全蹲成歇
步，同時，左拳向前下方砸擊，右拳抱於腰間，
目視左拳（圖6②）。

5. 雙磕肘

　　起身，左腳向後退
一步，體向左轉 90
度，兩腿半蹲成馬步。
同時兩拳由右向左抖拳
磕肘。目視左側（圖
7）。

圖7

圖 8　　　　　　　　　　　　　圖 9

6. 虎抱頭

收右腳落左腳內側，腳尖點地，成右丁字步，兩腿半蹲。同時左拳往內、往下再往外、往上畫弧一圈半，然後上架頭上前方；右拳由下向上往下畫弧一圈，屈肘向內，拳停腹左側，拳心向下。目視前方（圖8）。

7. 雲頂七星

抬右腳向後落一步，隨身右轉270度，轉身後右腳在前，再抬左腳向前上一步，與右腳成併步，左腳跟提起，成左丁步。同時兩拳變掌，向頭

圖 10　　　　　　　　　圖 11

上左右畫弧，然後右掌變拳向前沖擊；左拳屈肘向內護於右肘內側，兩腿半蹲。目視右拳（圖9）。

8. 單　鞭

左腳向左跨一步，身體向左轉90度，兩腿半蹲成馬步。同時兩拳由內向兩側展臂擊出。目視左側（圖10）。

9. 虎抱頭

收左腳落右腳內側，腳跟提起成左丁步，兩腿微蹲。同時右拳向上、向下再向上畫弧一圈半，然後上架頭上前方；左拳由上往下畫弧，向內屈肘橫擊，拳停下腹右側。目視左側（圖11）。

圖 12　　　　　　　　　　圖 13

10. 雙關鐵門

左腳向左開半步，體向左轉 90 度，兩腿微蹲成左虛步。同時兩拳向前縱屈肘沖拳，左拳高與肩平，右拳護於左肘內側。目視左拳（圖 12）。

11. 撩陰腳

兩拳不變，右腳向前上半步，抬左腳向前彈踢。目視前方（圖 13）。

12. 左斜形

左腳下落右腳前一步，使兩腿成左弓步。同

圖14　　　　　　　　圖15

時兩拳環臂向左斜行（圖14）。

13. 雙關鐵門

收左腳後退半步，兩腿微蹲成左虛步。同時
兩臂屈肘沖拳，左拳高與
肩平，右拳護於左肘內
側。目視左拳（圖15）。

14. 左斜形

左腳向前上半步，使
兩腿成左弓步，同時兩拳
環臂向左斜行（圖16）。

圖16

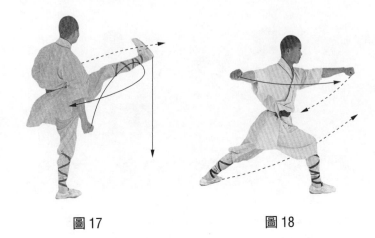

圖 17　　　　　　　　　　圖 18

15. 劈　腿

抬右腿向前、向上彈踢，同時右拳由上、向下沿右大腿外側下劈，左拳抱於腰間（圖 17）。

16. 右斜形

右腳下落左腳前一步，使兩腿成右弓步，同時兩拳環臂向右斜行（圖 18）。

17. 十字踩腳

抬左腳向前彈踢，右拳變掌，向前拍擊左腳面（響亮），左拳抱於腰間（圖 19）。

圖 19　　　　　　　　　　　圖 20

接上式，左腳
下落於右腳前一
步，抬右腳向前彈
踢，左拳變掌，向
前拍擊右腳面（響
亮），右掌變拳抱
於腰間（圖20）。

　接上式，右腳
下落左腳前一步，
抬左腳向前彈踢，

圖 21

右拳變掌，向前拍擊左腳面（響亮），左掌變拳
抱於腰間，目視右手（圖21）。

圖 22　　　　　　　　圖 23

18. 摘心捶

左腳向後落於右腳後一步，體向左轉 180 度，使兩腿成左弓步。同時右掌變拳，向前屈肘沖擊；左拳變掌，向內屈肘附於右肘上。目視右拳（圖 22）。

19. 枯樹盤根

抬右腳向後退一步，落於左腳後外側，體向右轉 180 度，左腿全蹲，右腿半跪。同時右拳由上向前下方砸擊，左拳抱於腰間。目視右拳（圖 23）。

圖 24　　　　　　　　　　圖 25

20. 倒步格拳

左腳倒一步，落於右腳後，右腿全蹲。同時左拳由上向下砸擊，右拳抱於腰間。目視左拳（圖24）。

21. 雙磕肘

起身，以兩腳為軸，體向右轉 90 度，同時左腿邁一步，兩腿半蹲成馬步。兩拳隨身由下向上屈肘抖拳，高與肩平。目視右側（圖25）。

圖 26 圖 27

22. 攔腰捶

兩腳向左側橫滑半步，右腳再向前落一步，體向左轉 180 度，使兩腿成高馬步。同時兩拳變掌，向前往後攔，然後變拳，右拳向右前方撩打，左拳向內護於右肘內。目視右側（圖 26）。

以右腳為軸，體向右轉 180 度，抬左腿向左提膝，兩拳變掌翻臂附於左腳鞋跟部（圖 27）。

23. 黑虎蹬山

右腳支撐，左腳不落地，向左側彈蹬，兩掌相附在腹前下方。目視左側（圖 28）。

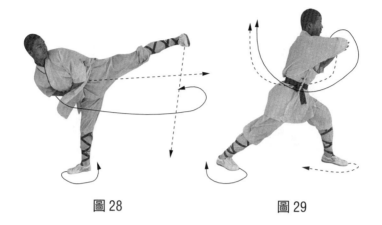

圖 28　　　　　　　　圖 29

24. 擺　肘

左腳下落右腳前一步，體向左轉 90 度，使兩腿成左弓步。同時右掌變拳，由外向內、向前擺肘，左掌向右、向前拍打右肘內側（響亮）。目視右肘尖（圖 29）。

圖 30

25. 撅　柴

以兩腳為軸，體向右轉 180 度，使兩腿成拖步，兩腿微蹲。右拳變掌，與左掌同時向前屈肘翻腕變拳，亮於胸前（圖 30）

圖 31

圖 32

　　接上式，左腳向前上一步，與右腳成併步，兩腿全蹲。同時兩拳由上向下、向兩側下方劈拳。目視前方（圖 31）。

26. 雙風貫耳

　　接上式，起身，併步不變，兩拳由下向上、向兩側展臂，然後由兩側向內屈肘抖拳，高與腭齊（圖 32）。

圖 33 　　　　　　　　　圖 34

27. 劈　腿

左腳向前上半步，抬右腳向前彈踢，右拳由上向下沿右腿外側下劈，左拳抱於腰間。目視前方（圖 33）。

28. 右斜形

右腳下落左腳前一步，使兩腿成右弓步。同時兩拳會胸前，由內向外屈肘展臂向右斜行（圖 34）。

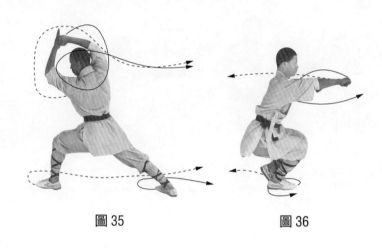

圖 35　　　　　　　　圖 36

29. 迎面沙

左腳向前上一步，使兩腿成左弓步。同時右拳向前、向上揣擊，左拳變掌，向前、向上拍擊右拳，高於頭（圖 35）。

30. 雲頂七星

體向右轉 180 度，抬右腳向前上一步，再抬左腳向前上一步，與右腳成併步，然後左腳跟提起，成左丁步，兩腿半蹲。同時左手從頭上向後畫弧，右手從頭上由後往前畫弧，兩手會合腰間時變拳，向前沖出（圖 36）。

圖 37　　　　　　圖 38

31. 單　鞭

左腳向後退一步，體向左轉 90 度，兩腿半蹲成馬步，同時兩拳由胸前向兩側展臂側擊，目視左手（圖 37）。

32. 右臥枕

體向左轉 90 度，抬右腳向前上一步，使兩腿成右弓步。同時右拳隨身由下向上、往下掄一周，向右屈肘，拳平耳下；左拳由上向下繞一周，然後向內下栽於陰前。目視左側（圖 38）。

圖 39　　　　　　　　　　圖 40

33. 左臥枕

抬左腳向前上一步，體向右轉 90 度，使兩腿成左弓步。同時右拳由上向下掄一周，然後下栽陰前；左拳由下向上再反上繞一周半，屈肘抖拳，高與耳平。目視右側（圖 39）。

34. 右臥枕

體向左轉 90 度，上右腳成右弓步，依上法右拳屈肘，左掌向下栽擊。目視左側（圖 40）。

35. 摘心拳

以兩腳為軸，體向左轉 180 度，使兩腿成左弓步。同時右拳向前屈肘沖擊；左拳變掌，向內屈肘，附於右肘上。目視右拳（圖 41）。

圖 41

36. 枯樹盤根

體右轉 180 度，抬右腳後退一步，兩腿全蹲。右拳向前下方劈擊，左拳抱於腰間（圖 42）。

左腳向後倒一步，兩腿全蹲。同時左拳向前下方劈擊，右拳抱於腰間。目視左拳（圖 43）

圖 42

圖 43

圖44　　　　　　　　圖45

37. 雙磕肘

　　左腳後退一步，以兩腳為軸，體向左轉90
度，兩腿半蹲成馬步。同時兩拳由上向下屈肘抖
拳。目視右側（圖44）。

38. 鷂子翻身

　　抬兩腳向右轉身（180度）跳步，兩腳落地成
左仆步，同時左拳變掌，向左側下方撩打；右拳
抱於腰間，目視左側（圖45）。

39. 拐　肘

　　起身，以兩腳為軸，體向左轉90度，使兩腿

圖 46   圖 47

成左弓步。同時右拳由後向前拐肘左擺，左掌向右拍打右肘。目視右肘（圖46）。

40. 撅　柴

以兩腳為軸，體右轉180度，左腳稍向後移，使兩腿成拖步，兩腿微蹲。同時兩拳變掌，向前抓打，然後向內翻腕變拳，屈肘沖擊。目視兩拳（圖47）。

接上式，抬左腳向前上半步，震左腳，與右腳成併步，兩腿全蹲。同時兩拳向前兩側砸擊。目視前方（圖48）。

圖 48

圖49　　　　　　　　　圖50

41. 雙風貫耳

起身，兩腳不動，兩拳由下向上、由外向內合擊，高與腭平。目視兩拳（圖49）。

42. 右斜形

抬右腳向前彈踢，右拳由上向下沿右腿外側劈擊，左拳抱於腰間（圖50）。

接上式，右腳下落左腳前，使兩腿成右弓步。同時兩拳環臂向右傾斜。目視右側（圖51）。

<table>
<tr><td>圖 51</td><td>圖 52</td></tr>
</table>

圖 51　　　　　　　　圖 52

43. 拐毛籃

右拳變掌，由後向上、向前、往左撩手，然後變拳，隨體左轉 45 度，向上架肘；左拳變掌，隨身向後撩打。同時抬右腿向前提膝（圖 52）。

44. 臥底炮

右腳下落震腳，與左腳成併步，兩腿全蹲。同時右拳與左掌在胸前下方相擊（響亮）。目視兩手（圖 53）。

圖 53

圖 54　　　　　　　圖 55

45. 攔腰拳

右腳向右跨一步，右拳向前往後攔於腰間，然後上體右轉 90 度，左腳向前上一步，使兩腿成左弓步。同時左拳向前沖擊，右拳抱於腰間。目視左拳（圖 54）。

46. 左斜形

體向右轉 180 度，右腳向後倒一步，然後兩拳環臂向左斜行。目視左側（圖 55）。

圖 56 　　　　　　　圖 57

47. 推山掌

以兩腳為軸，體向右轉 180 度，右腳上半步，使兩腿成右弓步。同時兩拳變掌，右掌向前推出，左掌屈肘揣於腰間。目視右掌（圖 56）。

48. 拐　肘

以兩腳為軸，體向左轉 180 度，使兩腿成左弓步。同時右掌變拳，由後向前拐肘；左掌由外往內拍打右肘。目視右肘（圖 57）。

圖 58 　　　　　　　　　　圖 59

49. 鷂子翻身

先抬右腳，後抬左腳，向右轉身（90度）跳步，兩腳落地成左仆步。同時左拳變掌，由上向左側前下方撂打；右拳抱於腰間（圖58）。

50. 金雞獨立

起身，體向左轉90度，抬右腿向前提膝。同時右手向前屈肘抱掌，左掌向前屈肘托住右肘。目視右手（圖59）。

圖 60

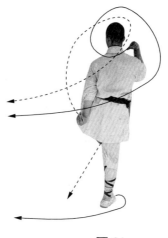

圖 61

51. 束　身

　　右腳向後落一步，體向右轉 90 度，收左腳與右腳成併步，兩腿全蹲，左腳跟提起成左丁字步。同時屈左肘左掌停於右肩前，掌心向外；右手由上往右下方切掌，然後變勾手。目視右側（圖 60）。

52. 五指朝鳳

　　右腳不動，抬左腿向前提膝。同時兩掌變成勾手，左手由上向下往後勾，右手由下往上屈肘後勾（圖 61）。

圖 62　　　　　　　圖 63

53. 雲頂七星

左腳下落右腳左側，並以左腳為軸，抬右腳隨體右轉 270 度，轉身後右腳落左腳前半步，再抬左腳向前上半步，成左丁步。同時兩手隨身在頭上雲手，然後變拳向前沖擊，左拳屈肘內收。目視右拳。（圖 62）。

54. 單　鞭

左腳後退一步，體向左轉 90 度，兩腿半蹲成馬步，兩拳由內向兩側沖擊（圖 63）。

圖 64   圖 65

55. 坐山勢

　　抬兩腳向左橫跳一步，使兩腿成馬步。同時
兩拳會胸前畫弧，右拳由下向上架於頭上前方，
左拳由上向下栽擊，拳落左大腿上。目視左側
（圖 64）。

收　勢

　　收左腳與右腳成併步，同時右拳由上向下、
左拳由下向上畫弧，然後兩臂下垂，拳抱腰間。
目左視（圖 65）。

十、少林七星拳

歌訣：

少林七星拳，掌形襲五瓣。

招勢技法奇，也走一條線。

亦有十字路，四方應其變。

花爪制人妙，雞形步法連。

縱橫連八法，千陣破萬關。

上中下地捶，趟腳掃百川。

更有金骨肘，亦可沖破天。

遇強束身溜，鷂子巧翻山。

靈機施地炮，飛腳如電閃。

崩挑推神掌，天中隱有天。

動作名稱及順序

預備勢	1. 束身亮爪	2. 挑　手
3. 馬步插掌	4. 橫攔捶	5. 臥地拳
6. 溜地炮	7. 迎面崩爪	8. 趟　腳
9. 束　身	10. 踩　腳	11. 轉身推窗
12. 雞形步	13. 束　身	14. 纏　手

少林拳

15. 趟　腳	16. 束　身	17. 三沖拳
18. 束　身	19. 挑　手	20. 趟　腳
21. 束　身	22. 架肘抱拳	23. 震腳拐肘
24. 擺　腳	25. 橫打拳	26. 架　肘
27. 震腳下栽拳	28. 下崩拳	29. 崩　肘
30. 趟　腳	31. 束　身	32. 二起踩腳
33. 鷂子翻身	34. 單　鞭	35. 束　身
36. 兩沖拳	37. 金雞獨立	38. 坐山勢

收　勢

預備勢

兩腳併步站立，身胸挺直，兩臂自然下垂，掌附大腿外側。目視前方（圖1）。

接上動作，兩掌變成五花瓣手，抖腕，使兩掌距大腿約三寸。目視前方（圖2）。

圖1

圖2

圖3   圖4

1. 束身亮爪

左腳向左跨半步，體向左轉 90 度，兩腿半蹲。同時左爪屈肘亮掌，使左掌成八字形托在下腭下，掌心向外；右手向左屈肘，使右掌護住左膝蓋。目視前方（圖3）。

2. 挑　手

兩腳不動，右爪向上翻肘抖爪，高與眉平，掌心向裏；左掌向內屈肘，附於右肘彎上，掌心向右。目視右側（圖4）。

圖 5 　　　　　　圖 6

3. 馬步插掌

抬右腳向右橫跨一步，兩腿半蹲成馬步。同時右爪向右撩打，掌落右膝外側，掌心向下；左爪變拳抱於腰間。目視右手（圖 5）。

4. 橫攔捶

兩腳不動，上體右轉 90 度，使兩腿成右弓步。同時左拳向前沖擊，右爪變拳抱於腰間。目視左拳（圖 6）。

圖7

圖8

5. 臥地拳

兩腳不動，上體左轉 90 度，兩腿變成馬步。同時右拳向右側下方擊打，左拳抱於腰間。目視右拳（圖7）。

6. 溜地炮

以左腳為軸，抬右腳（隨體左轉 90 度）向左趨動，震腳（響亮）與左腳成併步。同時右拳隨身向左側下方摺擊，拳附於左膝蓋前；左拳抱於腰間，兩腿半蹲（圖8）。

圖9   圖10

7. 迎面崩爪

　　起身，右腳向右橫跨一步，體向右轉90度，使兩腿成右弓步。同時右拳變爪，向前屈肘抖爪，掌心向裏；左拳抱於腰間。目視前方（圖9）。

8. 趟　腳

　　抬左腳向前彈蹬，同時兩手回胸前畫弧，然後抬右爪向前崩掌，掌心向後；左手由前向後翅打，掌心向上翻。目視右手（圖10）。

9. 束　身

　　左腳下落右腳前，兩腿屈膝微蹲。同時右爪

圖 11　　　　　　　　　　圖 12

由前向後屈肘亮掌，掌心向左，高與肩平；左手向下劈打，掌護左膝蓋。目視前方（圖11）。

10. 踩　腳

上體稍向左轉，抬右腿向前、向上彈踢。同時右手向前、向上拍擊右腳面（響亮），左掌端於腰間。目視右手（圖12）。

11. 轉身推窗

以左腳為軸，右腳隨體左轉 180 度，下落左腳前半步，兩腿微蹲。同時左掌向前屈肘推出，掌心向前；右手向後，附於腰背中。目視前方

圖 13

圖 14

（圖 13）。

12. 雞形步

右腳不動，抬左腳向前
提膝，左手向左、向右、向
下撩打，然後向左側下方劈
打；右手向前屈肘亮掌。目
視右手（圖 14）。

接上動作，左腳落地，
抬右腿向前提膝。同時左爪
向前屈肘亮掌，掌心向右；右手向右側下方甩
手，掌心向後（圖 15）。

圖 15

圖 16   圖 17

接上動作，右腳落地，抬左腿向前提膝。同時右爪向前屈肘亮掌，左手由上向下甩擊。目視右手（圖 16）。

13. 束　身

左腳向前落一步，體向右轉 180 度，使右腳在左腳前，兩腿半蹲。同時右手隨身向右側下方劈打；左手屈肘亮掌，掌心向右。目視前方（圖 17）。

14. 纏　手

兩腳不動，右手抖臂向上屈肘，纏封住左

圖 18

圖 19

腕。目視前方（圖 18）。

15.趟　腳

接上動作，抬左腳向前彈踢，右手向前崩爪，左手向後甩打，右腿微蹲。目視前方（圖 19）。

16.束　身

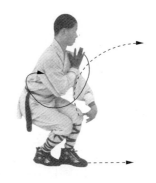

圖 20

左腳下落右腳前，兩腿微蹲。同時左手隨身向前抖臂下插，掌護左膝；右手向前屈肘亮掌，高平下腭。目視前方（圖 20）。

圖 21   圖 22

17. 三沖拳

左腳向前上半步，使兩腿成左弓步。同時兩爪變拳，左拳向前沖擊，右拳抱於腰間（圖21）。

接上動作，右腳向前上一步，使兩腿成右弓步。同時右拳向前沖擊，左拳抱於腰間。目視右拳（圖22）。

接上動作，左腳向前上一步，使兩腿成左弓步。同時左拳向前沖擊，右拳抱於腰間。目視左拳（圖23）。

圖 23 圖 24

18. 束　身

以兩腳為軸，體向右轉
180 度，兩拳變掌，兩臂在
胸前會合，然後，右手向上
崩肘，掌心向外；左手向左
側下方劈打。目視前方（圖
24）。

圖 25

接上動作，收右腳向
後，落左腳稍前方，兩腿半蹲。同時右手抖臂下
插，掌停於右膝前，掌心向後；左手向上屈肘亮
掌。目視前方（圖 25）。

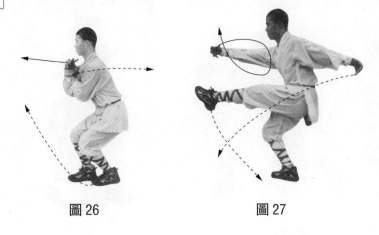

圖 26   圖 27

19. 挑　手

兩腳不動，蹲步不變，右手向上抖肘挑手，手心向左，高與腭平。目視前方（圖 26）。

20. 趟　腳

抬左腳向前彈踢，同時右手抖臂向前崩掌，左手向後甩劈。目視前方（圖 27）。

21. 束　身

左腳下落右腳前半步，兩腿半蹲。同時左手向前抖臂崩爪，掌護左膝前；右手向左屈肘亮掌。目視前方（圖 28）。

圖 28

圖 29

22. 架肘抱拳

體向右轉 45 度，抬左腳向左跨一步，使兩腿成馬步。同時左掌變拳向左抖臂架於頭上前方，拳心向前，右掌變拳抱於腰間。目視前方（圖29）。

23. 震腳拐肘

以左腳為軸，抬右腳向左轉身 180 度，震腳（響亮），與左腳成併步。同時右手向前架肘，肘尖稍高於肩；左手向右拍擊右肘。目視右肘（圖 30）。

圖 30

圖 31   圖 32

24. 擺　腳

　　體右轉 90 度，抬右腳向前、向外擺旋。同時兩手向前、向上拍擊右腳面（響亮）（圖 31）。

25. 橫打拳

　　右腳向右橫落一步，體右轉 90 度，使兩腿成右弓步。同時兩掌變拳，左拳向前沖擊，右拳抱於腰間。目視左拳（圖 32）。

26. 架　肘

　　兩腳不動，體向左轉 90 度，兩腿屈膝半蹲，

圖 33   圖 34

使兩腿成橫馬步。同時左拳變掌，向上架肘，使左掌端抵左臉部；右拳抱於腰間。目視前方（圖33）。

27. 震腳下栽拳

以兩腳為軸，體向左轉90度，抬右腳向前震腳（響亮），與左腳成併步。同時右拳隨身向前下方栽擊，左掌變拳抱於腰間。目視右拳（圖34）。

28. 下崩拳

右腳右跨一步，兩腿半蹲，使兩腿成馬步。同時右拳向右側下方砸擊，左拳抱於腰間。目視

圖 35　　　　　　　　　圖 36

右拳（圖 35）。

29. 崩　肘

以兩腳為軸，體向
右轉 90 度，使兩腿成
右弓步。同時右拳向前
抖臂崩肘，左拳抱於腰
間（圖 36）。

圖 37

接上動作，右拳抖前臂向前崩爪，左拳抱於
腰間。目視右手（圖 37）。

30. 趟　腳

右弓步不變，左拳變爪，向前與右手交叉

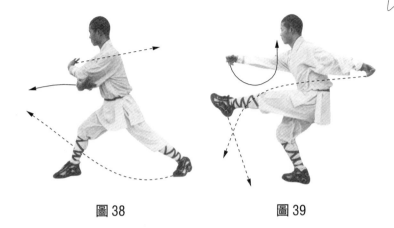

圖 38   圖 39

（圖38）。

接上動作，抬左腳向前彈蹬。同時右手向前崩爪，左手向後甩打。目視右手（圖39）。

圖 40

31. 束 身

左腳落於右腳前半步，兩腿半蹲。同時右手向前屈肘亮掌；左手向下劈打，掌護左膝前。目視前方（圖40）。

32. 二起踩腳

抬兩腳向前、向上跳起，當全身騰空時，抬

圖41   圖42

右掌向前、向上拍擊右腳面（響亮），左掌變拳
抱於腰間。目視右手（圖41）。

33. 鷂子翻身

　　右腳不落地，以左腳為軸，體向左轉180
度，右腳落於左腳內側，抬左腳向左跨一步，右
腿全蹲，左腿伸直，使兩腿成左橫仆步。同時右
拳向內屈肘，與左掌抵。目視左側（圖42）。

34. 單　鞭

　　起身，體稍向左轉，使兩腿變成左弓步。同
時左掌變拳，與右拳由內向兩側平擊。目視右側

圖 43   圖 44

（圖 43）。

35. 束　身

以兩腳為軸，體向右轉 90 度，收左腳落於右腳前，兩腿半蹲。同時兩拳變爪，右爪向前屈肘亮掌；左爪向前下劈打，掌護左膝前。目視前方（圖 44）。

36. 兩沖拳

抬左腳向前上一步，使兩腿成左弓步。同時兩爪變拳，左拳向前沖擊，右拳抱於腰間。目視左拳（圖 45）。

圖 45　　　　　　　　　　　圖 46

　　接上動作，右腳向前上一步，使兩腿成右弓步。同時右拳向前沖擊，左拳抱於腰間。目視右拳（圖46）。

37. 金雞獨立

　　以左腳為軸，抬右腳體向左轉 180 度，轉身後右腿向前提膝，同時兩拳變掌，右掌向上屈肘亮掌，左掌向內屈肘，掌附右肘之上。目視前方（圖47）。

38. 坐山勢

　　右腳向右落一步，兩腿半蹲成馬步。同時右

圖47　　　　　　　　圖48

手成叉狀垂臂下插，左手
向內屈肘護於胸前。目視
前方（圖48）。

收　勢

　收左腳與右腳成併
步，同時兩掌變拳，由下
向上再往下畫弧，然後兩
臂下垂，兩拳抱於腰間。
目視前方（圖49）。

圖49

國家圖書館出版品預行編目資料

少林拳／徐勤燕　釋德虔　編著
　　──初版，──臺北市，大展，2007〔民96〕
　　面；21公分，──（少林功夫；19）
　　ISBN　978-957-468-512-7（平裝）

1.少林拳
528.97　　　　　　　　　　　　　　95023453

少　林　拳

ISBN-13：978-957-468-512-7
ISBN-10：　　957-468-512-8

編　　著/徐 勤 燕　釋 德 虔
責任編輯/范 孫 操
發 行 人/蔡 森 明
出 版 者/大展出版社有限公司
社　　址/台北市北投區（石牌）致遠一路2段12巷1號
電　　話/（02）28236031・28236033・28233123
傳　　眞/（02）28272069
郵政劃撥/01669551
網　　址/www.dah-jaan.com.tw
E－mail/service@dah-jaan.com.tw
登 記 證/局版臺業字第2171號
承 印 者/高星印刷品行
裝　　訂/建鑫印刷裝訂有限公司
排 版 者/弘益電腦排版有限公司
授 權 者/北京人民體育出版社
初版1刷/2007年（民96年）2月

定　價/230元

大展好書　好書大展
品嘗好書　冠群可期

大展好書　好書大展
品嘗好書　冠群可期